novum pro

Karla Weller

Diagnose
Herzinfarkt

novum pro

www.novumverlag.com

Bibliografische Information der Deutschen Nationalbibliothek:

Die Deutsche Nationalbibliothek verzeichnet diese Publikation in der Deutschen Nationalbibliografie. Detaillierte bibliografische Daten sind im Internet über http://www.d-nb.de abrufbar.

Alle Rechte der Verbreitung, auch durch Film, Funk und Fernsehen, fotomechanische Wiedergabe, Tonträger, elektronische Datenträger und auszugsweisen Nachdruck, sind vorbehalten.

© 2016 novum Verlag

ISBN 978-3-95840-171-6
Lektorat: Dr. Annette Debold
Umschlagfoto: www.pixabay.com
Umschlaggestaltung, Layout & Satz: novum Verlag
Innenabbildungen: Karla Weller (5); S. 38: Dawn Hudson | Dreamstime.com

Gedruckt in der Europäischen Union auf umweltfreundlichem, chlor- und säurefrei gebleichtem Papier.

www.novumverlag.com

Für Gerd

Diagnose Herzinfarkt

„Mit jedem Tag, an dem ich daran arbeite, das Ziel meines Daseins und mein Versprechen gegenüber Gott zu erfüllen,
ziehe ich mehr Liebe in mein Leben.
Die Liebe kann alles bewirken. Das Wunder geschieht."
  Jana Haas, 1. Mai 2011

31. Juli 2011
  Schon seit ein paar Wochen habe ich diesem Tag mit Unmut und Unruhe entgegengesehen. Heute würde sich so vieles ändern. Justin wurde sechzehn Jahre alt, und am gleichen Tag wollte Daniela nach Chicago fliegen, um dort ihr Auslandspraktikum anzutreten. Obwohl ich mich für unsere beiden Kinder freute, fühlte ich dennoch Wehmut im Herzen; wohlwissend, dass ich nichts festhalten konnte.

  „Wer nicht bereit ist für Veränderung, wird auch das verlieren,
  was er bewahren möchte."
    Gustav Heinemann (1899–1976), dt. Politiker (SPD),
    Bundespräsident (1969–1974)

Das war mir schon klar, aber ich fühlte, dass es heute um mehr ging als um die wachsende Selbstständigkeit unserer Kinder.
  Morgens um acht stand also die ganze Familie vor dem Haus. Danielas Koffer waren bereits im SUV verladen, es gab noch einen letzten Hug für ihren Bruder, und genau im richtigen Moment kam die Nachbarstochter über die Straße gelaufen, um mit dem Handy ein Abschiedsfoto von uns vieren zu schießen. Dann ging es los.
  Mein Mann Gerd und ich brachten Daniela nach Zürich zum Flughafen. Wir waren so früh da, dass wir noch einen

Cappuccino miteinander trinken konnten, bevor sie durch das Security Gate hindurchging. Noch ein letztes Mal winken – und schon war sie weg. Daniela sollte für sechs Monate bei Bosch in Chicago arbeiten, bevor sie dann in Deutschland ihr Studium abschließen konnte. Auf der Heimfahrt saß Gerd am Steuer und sagte immer wieder vor sich hin: „Die macht das schon, die geht jetzt ihren Weg. Das ist alles super." Ich hatte das Gefühl, dass er sich damit hauptsächlich selber Mut zusprechen wollte, denn in Wirklichkeit behagte ihm der Gedanke überhaupt nicht, dass sein kleines Mädchen jetzt endgültig das Elternhaus verließ und zumindest für ein paar Monate ganz allein auf sich gestellt war. Bisher war immer er derjenige gewesen, der monatelang allein im Ausland unterwegs war, weil der Beruf es so verlangte. Dass seine Familie in der Zeit ohne ihn zurechtkam, setzte er voraus. Aber dass es nun „seine Kleine" war, die das Nest verließ, war eine völlig neue Konstellation, die ihn ganz offensichtlich verunsicherte.

Ich freute mich sehr für Daniela und war mir sicher, dass das halbe Jahr wie im Flug vergehen würde; dennoch war da dieses seltsame Gefühl, als hätte heute etwas geendet.

Wenige Tage später war Gerd auch schon wieder geschäftlich verreist. Eines seiner vielen Projekte führte ihn ständig in alle Herrenländer; häufig wusste ich noch nicht einmal, in welcher Stadt er sich derzeit gerade aufhielt.

Unser Sohn Justin besuchte die neunte Klasse der Realschule, und ich ging meiner Arbeit als Angestellte in einem mittelständischen Unternehmen nach. Während Justin die meiste freie Zeit mit seinen Freunden verbrachte, genoss ich bei kleineren Ausflügen noch ein paar schöne Herbsttage gemeinsam mit meiner Mutter. Hin und wieder saßen wir in einem Café am Bodensee bei einer Tasse Kaffee im Sonnenschein und freuten uns jedes Mal sehr, wenn uns eine kurze E-Mail von Daniela über Handy erreichte. So hatten wir immer das Gefühl, ihr nahe zu sein und an ihrem Leben teilzuhaben, obwohl sie doch meilenweit weg war. Mit Gerd hatte ich eher selten und dann auch immer nur kurz Kontakt. Mehrfach verlängerte er seinen Aufenthalt in China, weil das Projekt mehr Zeit und Arbeit in Anspruch nahm als geplant. Aber war das nicht immer schon so gewesen? Ich machte mir darüber nicht wirklich Gedanken.

Gerd und Daniela dagegen skypten fast täglich miteinander. Durch die Zeitverschiebung trafen sie sich online häufig dann, wenn Gerd abends ins Hotel zurückkam und Daniela sich morgens zur Arbeit fertig machte. Und so kam es auch, dass Daniela mir berichtete, sie mache sich Sorgen um ihren Dad. Seit Wochen klagte er über eine Erkältung, entzündete Bronchien und Fieber, weigerte sich aber stoisch, einen Arzt aufzusuchen. Ich sandte ihm daraufhin eine E-Mail, in der ich vorschlug, in einer traditionellen chinesischen Apotheke um Rat zu fragen. Vielleicht fand er ja auch einen Arzt, der mit TCM und Akupunktur helfen konnte. Gerd wehrte jedoch ab und meinte, seine chinesischen Mitarbeiter brächten ihm täglich frisch aufgebrühten Tee mit den Worten „Good for your health, good for your health!", und das würde schon wieder besser werden. Nun denn, sein Wort in Gottes Ohr. Er war schließlich erwachsen und bereits seit fast zwanzig Jahren auf sich allein gestellt im Ausland unterwegs, er musste also wissen, was er tat.

Ich hatte zu Hause genug um die Ohren. Mein Beruf füllte mich aus, auch hier gab es immer wieder neue Herausforderungen. Justin musste versorgt werden, und im Haus und darum herum gab es reichlich zu tun für mich allein. Meine wenige Freizeit verbrachte ich am allerliebsten zu Hause, um mich mit meinen Büchern zu beschäftigen. Seit geraumer Zeit schon versorgte mich eine liebe Freundin immer wieder mit Lektüre von *Sanaya Roman* und *Jana Haas*.

Meine Favoritin aber blieb *Louise L. Hay*. Wiederholt las ich ihre Werke, und noch heute finde ich immer wieder neue Wahrheiten in ihren Texten.

„Alles was ich jemals wissen muss,
offenbart sich mir zur rechten Zeit in der richtigen Form."
    Louise L. Hay

Zurück aus China

Am vorletzten Wochenende im Oktober war es nun so weit, Gerd kam tatsächlich aus China zurück. Am Freitag landete sein Flieger, und bereits ab Samstag hatte er ein Wochenende auf einem Weingut mit seinen Schulkameraden organisiert, was bedeutete, dass er am einen Tag seine Koffer zu Hause abstellte, nur um am nächsten Morgen nach Freiburg zu fahren. Dass er sich gesundheitlich immer noch angeschlagen fühlte, konnte ihn von dem lange geplanten Ausflug nicht abhalten.

Am Sonntagnachmittag kam er von der Tour zurück und schaute direkt auf dem Fußballplatz vorbei, um seinen Freunden und Kameraden vom örtlichen Sportverein Hallo zu sagen.

Am Montag erschien er dann pünktlich bei der Arbeit in der Maschinenbaufabrik, wo er seit einundzwanzig Jahren angestellt war, nur um dort zu erfahren, dass er bereits am Dienstag schon wieder zu einem Kunden reisen sollte.

Da in meiner Firma zur gleichen Zeit eine Veranstaltung stattfand, rief ich ihn am Dienstag um 17 Uhr an, um ihm mitzuteilen, dass ich abends mit unseren Tagungsteilnehmern noch ausginge. Er war gerade auf dem Weg vom Büro zum Firmenparkplatz, und ich konnte das Klappern der Räder seines Laptop-Trolleys hören, den er hinter sich herzog, während er mir völlig aufgebracht mitteilte, wie sehr er sich darüber aufregte, dass er jetzt zu diesem Kunden nach Thüringen geschickt wurde, weil angeblich kein anderer für den Job infrage komme. Er konnte das überhaupt nicht nachvollziehen. Schließlich war er gerade erst sieben Wochen in China gewesen, und in der ganzen Zeit musste Thüringen ja auch von einem Kollegen betreut worden sein! Die Entscheidung, dass er da nun wieder hinmusste, war für ihn völlig unverständlich. Zusätzlich verlangte sein mitreisender Kollege, dass er auf dem Weg dorthin noch mit ihm zu *Ikea* fahre, um für dessen Sohn einen Schreibtisch zu besorgen, weil dieser jetzt in Karlsruhe studiere. Das bedeutete, dass die ewig lange Anreise nach Thüringen noch verlängert würde durch den Zwischenstopp bei *Ikea* und den Umweg über Karlsruhe. Gerd konnte sich gar nicht mehr beruhigen.

Nach etwa zehn Minuten beendeten wir das Gespräch, und ich machte mich auf den Weg zum vereinbarten Treffen mit meinen ausländischen Kollegen. Da diese sich erst noch im Hotelzimmer frisch machten, war ich allein im Restaurant, als mein Telefon klingelte. Justin war dran. „Mom, Daddy liegt auf dem Boden und schnappt nach Luft!"

Ground Zero

Fünf Stunden lang kämpften Rettungssanitäter vom DRK, Notärzte und Chirurgen um Gerds Leben. Der Rettungshubschrauber war auf der Wiese bei der Donau gelandet, konnte ihn aber nicht mitnehmen, weil Gerds Herz den nötigen Druckausgleich beim Fliegen nicht verkraftet hätte. Jedoch konnte ihm das Nitroglyzerin als Notfallmedikament verabreicht werden, welches jeder Rettungshubschrauber immer an Bord hat.

Nitroglycerin in der Medizin (Definition lt. Wikipedia):
Wegen seiner gefäßerweiternden Wirkung – durch die Freisetzung von Stickstoffmonoxid – wird es unter dem Namen Glyceroltrinitrat als Mittel bei Angina pectoris, Herzinsuffizienz (Nitrolingual Pumpspray) (…) verwendet. Siehe auch organische Nitrate. Herzinfarkte werden hingegen als „nitroresistent" bezeichnet, da bei einem Verschluss der Koronararterien die vasodilatative Wirkung des freigesetzten Stickstoffmonoxids keinen therapeutischen Effekt hat.

Ich war vom Restaurant direkt ins Kreiskrankenhaus gefahren und wartete dort zusammen mit meinem Schwager auf das Eintreffen des Rettungswagens, was sich allerdings ins Unendliche hinauszögerte. Vom Parkplatz aus sah ich Personen vom Krankenhauspersonal an der Rampe stehen und lief nach einer Stunde zu ihnen hinüber, um mich zu erkundigen, wann denn mein Mann erwartet würde. Zuerst wollte mir niemand etwas sagen, dann hieß es: „Das kann noch sehr lange dauern. Falls er es überhaupt schafft!"

Als der Sanka dann endlich vorfuhr, konnte ich schon von weitem erkennen, dass der Notarzt im Wageninneren stehend Herzmassage durchführte, weil Gerd auch nach mehreren Wiederbelebungsversuchen mit dem Defibrillator immer noch nicht stabil war.

Die Türen des Notarztwagens öffneten sich, und ich konnte sehen, dass das ganze Einsatzteam vollkommen erschöpft war.

Schweißperlen standen den Männern auf der Stirn und liefen in Rinnsalen über deren Gesichter. Als die Metallbahre herausgeschoben wurde, konnte ich Gerds Körper sehen. Sein orangebunt gestreiftes Hemd war zerschnitten, sein nackter Oberkörper war verkabelt. Ob er bei Bewusstsein war, konnte ich nicht beurteilen. Ich wollte zu ihm, aber die Sanitäter wiesen mich zurück. Ich dürfe den Patienten nicht begleiten, sondern hätte vor der Notaufnahme zu warten, bis jemand auf mich zukomme. Mein Schwager Peter begleitete mich ins Krankenhaus hinein. Während meine beiden Schwestern und mein Schwager Hardy zu Hause bei Justin geblieben waren, war Peter nach Tuttlingen gefahren, um mir beizustehen. Nun erzählte er mir ausführlich, was sich seit Justins Anruf zugetragen hatte.

Justin hatte den Hausarzt nicht erreicht und dann sofort geistesgegenwärtig den Notarzt alarmiert und gleichzeitig mit Mund-zu-Mund-Beatmung und Herzmassage begonnen.

Ich versuchte zur selben Zeit vom Restaurant aus über mein Handy meine Schwestern zu verständigen, die in unserer Nachbarschaft wohnten. Da ich gerade erst von meinem alten Mobiltelefon auf ein modernes Touchscreen-Gerät umgestiegen war, fiel mir die Bedienung total schwer. Ich war so geschockt, dass ich zunächst nicht wusste, wie das Dialogfenster geöffnet wurde und fand den Kontakteordner nicht. In meiner Verzweiflung war ich drauf und dran, das blöde Ding in hohem Bogen von der Terrasse zu werfen. Irgendwann gelang es aber doch, und so trafen fast alle gleichzeitig bei uns in der Straße ein: meine Schwestern und deren Ehemänner. Während Sigi und Beate auf der Straße den beiden Rettungswagen und dem Notarzt den Weg wiesen, konnten Peter und Hardy, beide ausgebildete Ersthelfer, Erste Hilfe leisten. Justin hatte inzwischen seinen Vater auf ein dickes Bodenkissen gelagert und ihm unablässig Luft in Mund und Nase geblasen. Peter und Hardy konnten allerdings feststellen, dass Gerd zu dem Zeitpunkt schon klinisch tot war. Die weit aufgerissenen Augen waren aus den Höhlen getreten, der Mund hing schlaff herunter, und es war auch am Hals kein Puls zu fühlen. Der Notarzt setzte mehrfach den Defibrillator an, Sauerstoff wurde in Gerds Lungen gepumpt und nach über einer Stunde wurde Gerd dann doch noch in den Rettungswagen geschafft. Aber auch jetzt konnte die Fahrt zum Krankenhaus noch nicht angetreten werden, weil Gerds schwacher Puls immer wieder vollständig aussetzte. Meine Schwestern hatten auf der Straße ein Funktelefonat zwischen dem Notarzt und dem leitenden Arzt im Krankenhaus mitgehört, wonach der Notarzt die lebensrettenden Maßnahmen an einem bestimmten Punkt einstellen sollte. Das tat er aber nicht. Vielleicht konnte er Justin nicht enttäuschen, der unaufhaltsam um das Leben seines geliebten Vaters kämpfte und ohne Pause weiterhin Wiederbelebungsversuche unternommen hatte.

Ein paar Stunden später traf ich im Treppenhaus des Krankenhauses zufällig auf den Notarzt, der den Einsatz geleitet hatte. Wir hatten uns zuvor ja nie gesehen, erkannten uns aber in dieser Situation gegenseitig. Er blieb unvermittelt auf der Treppe stehen, sah mich an und teilte mir dann in knappen Worten mit, dass Gerd einen schweren Herzinfarkt erlitten hatte. Das ganze Team habe alles Menschenmögliche getan. Was weiter geschehe, liege in Gottes Hand. Eine ganze Zeit lang blickte er mich noch schweigend an. Ich sagte gar nichts, stellte keine Fragen. Die Erschöpfung war ihm noch deutlich anzusehen. Dann reichte er mir wie zur Bestätigung den von ihm ausgestellten Schein:

Diagnose *Herzinfarkt!*

Definition lt. Wikipedia:
*Der **Myokardinfarkt**, auch **Herzinfarkt** …, ist ein akutes und lebensbedrohliches Ereignis infolge einer Erkrankung des Herzens. Eine in der Humanmedizin gebräuchliche Abkürzung ist HI oder AMI (acute myocardial infarction).*

Es handelt sich um eine anhaltende Durchblutungsstörung (Ischämie) von Teilen des Herzmuskels („Myokard") und wird in den meisten Fällen durch Blutgerinnsel in einer arteriosklerotisch veränderten Engstelle eines Herzkranzgefäßes verursacht. Leitsymptom des Herzinfarktes ist ein plötzlich auftretender, anhaltender und meist starker Schmerz im Brustbereich, der vorwiegend linksseitig in die Schultern, Arme, [in] Unterkiefer, Rücken und Oberbauch ausstrahlen kann. Er wird oft von Schweißausbrüchen/Kaltschweißigkeit, Übelkeit und eventuell Erbrechen begleitet. Bei etwa 25 % aller Herzinfarkte treten nur geringe oder keine Beschwerden auf (sog. stummer Infarkt). In der Akutphase eines Herzinfarktes kommen häufig gefährliche Herzrhythmusstörungen vor. Auch kleinere Infarkte führen nicht selten über Kammerflimmern zum plötzlichen Herztod, etwa 30 % aller Todesfälle beim Herzinfarkt ereignen sich vor jeder Laienhilfe oder medizinischen Therapie.

So liest sich hingegen die *Definition lt. Louise L. Hay, Gesundheit für Körper und Seele*:
  Presst sich wegen Geld, Position o. Ä. alle Freude aus dem Herzen.

Während mein Schwager weiterhin auf eine Auskunft der Ärzte wartete, begab ich mich im Krankenhaus zur Anmeldung. Dort wurden mir etliche Fragen gestellt, die ich nur dürftig beantworten konnte. Natürlich konnte ich Gerds Personalien angeben, aber die Nummer seiner Krankenversicherung und was sonst alles nötig war, musste ich leider schuldig bleiben. Verständnislos blickte mich der Diensthabende an. Ich hatte allerdings überhaupt keine Nerven für dieses endlose Frage- und Antwortspiel und sagte irgendwann ungehalten, ich wüsste zum gegenwärtigen Zeitpunkt nicht einmal, ob mein Mann überhaupt noch lebte, und sei jetzt nicht in der Lage, all diese Fragen zu beantworten. Statt Verständnis zu erhalten, herrschte er mich an, dass eine Aufnahme in jedem Fall durchzuführen sei! Irgendwann kam eine Krankenhausangestellte dazu. Sie erkannte die angespannte Lage und meine emotionale Verfassung und wollte sich telefonisch nach meinem Mann erkundigen. Trotz mehrerer Versuche konnte sie niemanden erreichen. „Sehen Sie, ganz offensichtlich arbeiten alle im Schockraum intensiv daran, Ihren Mann am Leben zu erhalten. Daher hat niemand die Zeit, das Telefon zu beantworten. Sie müssen sich weiter in Geduld fassen."

Definition lt. Wikipedia:
*Ein **Schockraum**, auch **Reanimationsraum**,[1] ist in Europa[2] Bestandteil der Notaufnahme eines Krankenhauses. Er dient der Erstversorgung schwer verletzter und polytraumatisierter Patienten. Notfallpatienten aus dem Bereich der Inneren Medizin werden hingegen dort im Allgemeinen nicht behandelt, was das Konzept von dem des amerikanischen Emergency Room abgrenzt.[2] Die im Schockraum zu bewältigenden Aufgaben lassen sich in drei Aspekte gliedern:[1]*

Unter Beteiligung von Ärzten und Pflegekräften verschiedener Fachrichtungen werden zum einen die Vitalfunktionen des Patienten aufrechterhalten bzw. wiederhergestellt. Er wird apparativ überwacht, wenn nötig beatmet, und der Kreislauf wird im Rahmen der Schockbekämpfung (daher der Name des Raumes) mit Infusionen und Transfusionen stabilisiert. Weiterhin können lebensrettende Soforteingriffe wie etwa die Entlastung eines Spannungspneumothorax durch eine Thoraxdrainage durchgeführt werden. Des Weiteren kann der Patient im benachbarten oder auch integrierten[3] CT einer ersten radiologischen Diagnostik zugeführt werden. Diese Maßnahmen müssen simultan erfolgen, was hohe Anforderungen an die Einrichtung[1] und das interdisziplinäre Team stellt. Nach der Erstversorgung wird der Patient in der Regel auf eine Intensivstation oder direkt in den Operationssaal verlegt.

Um 23 Uhr wurde Gerd auf die Intensivstation gebracht. Die ganze Zeit über hatte mich niemand über seinen Zustand informiert, niemand mit mir gesprochen, und nur durch eine sich in dem Moment öffnende Aufzugstür konnte ich gerade beobachten, wie ein Krankenbett mit einem Schwerstkranken vorbeigeschoben wurde.

Doch auch jetzt durfte ich nicht zu ihm. Er wurde an Schläuche angeschlossen und künstlich beatmet. Jetzt erst erklärte mir ein Arzt, es sei ein Stent gesetzt worden und Gerd befinde sich die nächsten zwei bis drei Tage im künstlichen Koma; wir müssten abwarten.

Also musste ich mit Peter nach über fünf Stunden Hoffen und Bangen nach Hause fahren, ohne Gerd noch einmal gesehen zu haben. Dort war meine ganze Familie im Wohnzimmer versammelt. Justin hatte das Rahmgeschnetzelte aufgewärmt, welches Gerd am Abend zuvor gekocht hatte. Alle sollten sich beim Essen ein bisschen stärken können. „Essen beruhigt", sagten wir uns immer. Alle außer mir hatten Gerd vor dem Abtransport gesehen, und niemand hatte wirklich damit gerechnet, dass er noch am Leben war. Leider konnte ich jetzt auch nicht viel Positives berichten. Ich hatte ja noch nicht einmal bei ihm sein dürfen!

Als Gerd Stunden zuvor mit der Bahre abtransportiert wurde, musste im Treppenhaus eine Glastür ausgehängt werden. Unglücklicherweise hatte sich einer der Sanitäter auch noch einen Finger dabei gequetscht und sich verletzt. Diese Tür stand somit angelehnt an der Wand im zweiten Stock unseres Hauses. Beim Aufräumen des Einsatzortes, der mit Verpackungsmaterial der vielen Arbeitsgeräte und Einwegspritzen übersät war, geriet die Tür ins Rutschen, knallte auf eine Kante und zerbarst in Millionen Glaskügelchen. Die Scherben sprangen vom zweiten Stock durch das offene Treppenhaus bis hinunter in den Keller und versteckten sich in allen möglichen Ecken und Winkeln, fanden sich in jedem Schuh im Regal an der Wand wieder. Nach dem ersten Schrecken waren meine Schwestern fast froh, dass sie nun noch einmal etwas zu tun hatten, allein damit das bange Schweigen und die Anspannung unterbrochen wurden.

Am nächsten Morgen um 5 Uhr klingelte Gerds Handy. Ich hatte das Telefon neben meinem Bett liegen, falls das Krankenhaus anrufen sollte. Stattdessen fragte sein Kollege nach, wo Gerd denn bliebe, sie wollten doch schließlich nach Thüringen fahren. Ich hatte das Gefühl, gerade erst eingeschlafen zu sein. Mir war speiübel, ich hatte vor lauter Angst und Sorge um Gerd keine Ruhe finden können, und so teilte ich dem Anrufer nur knapp mit, Gerd befände sich nach einem Herzinfarkt im Krankenhaus.

Von der anderen Seite kam zunächst keinerlei Reaktion, vielleicht hielt er das Ganze ja für einen schlechten Scherz.

Gerne hätte ich noch viel mehr gesagt, nämlich zu der Auseinandersetzung, die er mit Gerd hatte bezüglich des geplanten Abstechers zu *Ikea*. Aber was sollte das bringen? Konnte ich wirklich einen Kollegen für Gerds Infarkt verantwortlich machen? Stattdessen legten wir beide auf.

Als ich Gerd später am Morgen besuchte, lag er wie aufgebahrt ganz ruhig auf einem Krankenbett. Die Maschinen gaben ihre gleichmäßigen Arbeitsgeräusche von sich, ansonsten war es unheimlich still im Raum. Gerd war in ein einzelnes Zimmer ganz am Ende des Flurs der Intensivstation gelegt worden. Hier wollten wir ihm nun die nächsten drei Tage Ruhe gönnen, damit sein Körper sich von dem Trauma erholen konnte.

Als Gerd auch am vierten Tag noch nicht aufgewacht war, fragte ich beim behandelnden Arzt nach, der mir daraufhin erklärte, dass diese zwei bis drei Tage nur ein Anhaltspunkt gewesen seien. Kein Mensch könnte sagen, ob und wann Gerd überhaupt wieder aufwache. Alles, was wir mit Sicherheit wüssten, sei, dass er die erste Nacht überlebt hatte, allen Prognosen zum Trotz. Das war mir in dem Umfang nicht bewusst gewesen, und somit traf mich diese Information wie ein Schlag! Ein fürchterlicher Schmerz bohrte sich in mein Herz, während gleichzeitig der Boden unter mir wegbrach.

In der folgenden Nacht schreckte ich im Schlaf hoch – mir war sofort klar, es musste etwas mit Gerd passiert sein. Ich lauschte, ob das Telefon klingelte, aber es hatte niemand angerufen. Ganz früh am Morgen fuhr ich zum Krankenhaus und eilte zu Gerds Bett. Die Apparate verrichteten weiterhin unablässig ihre Arbeit, die Werte auf den Monitoren waren unverändert. Allerdings hatte Gerd hohes Fieber, und sein rechter Oberschenkel schien aufgepumpt wie ein Ballon. Nach dem operativen Eingriff, bei dem der Stent durch die große Arterie in der Leistengegend eingeführt worden war, musste es zu einer inneren Blutung gekommen sein, die bislang noch unbemerkt geblieben war. Und war dies noch nicht bedrohlich genug, musste zusätzlich befürchtet werden, dass sein Gehirn durch das hohe Fieber weiteren Schaden nehmen könnte. Denn bei einer Körpertemperatur über einundvierzig Grad schwillt das Gehirn an und drückt gegen die Schädeldecke. Um dies zu verhindern, sollte seine Temperatur mittels nasskalter Tücher heruntergekühlt werden, die auf seinem nackten Oberkörper ausgebreitet waren. Sein Anblick erschien dadurch richtig unheimlich und hatte etwas Mumienhaftes.

Zusätzlich waren die Fenster des Krankenzimmers weit geöffnet! Ich sprach das Pflegepersonal auf diesen Missstand an, aber man erklärte mir, frische Luft sei sehr wichtig für die gesamte Station! Und außerdem sei Besuchszeit erst am Nachmittag! Ich hätte zu dieser Zeit auf Station gar keinen Zutritt.

Frische Luft sicher – aber neblige, nasskalte Luft an einem frühen Novembertag, während der Patient mit hohem Fieber unbekleidet und schutzlos im Zimmer lag?

Ich stand an Gerds Bett, und Tränen der Wut, Angst und Ohnmacht liefen mir übers Gesicht. Ich wusste, bei Gerd ging es gerade jetzt noch einmal um Leben und Tod. Hatte er den Willen, in diese Welt zurückzukehren, oder hatte er sich bereits für die andere Seite entschieden? Ich hatte ihm einen kleinen Schutzengel aus Rosenquarz mitgebracht, den ich in seine gefalteten Hände legte. Außerdem hatte ich den Abaris-Handpfeil[1] dabei, mit dessen Hilfe ich ihm zusätzliche Heilenergie zukommen ließ. Ich durfte nur wenige Minuten bei ihm bleiben, weil meine Anwesenheit am Vormittag angeblich den Arbeitsablauf auf der Station störte. Deshalb legte ich den Energiestab unter sein Kopfkissen bevor ich ging.

Am nächsten Tag hatte Gerd eine doppelseitige Lungenentzündung. Das Fieber war noch nicht zurückgegangen, und es wurden Überlegungen angestellt, seine Schädeldecke zu öffnen, um dem Gehirn mehr Raum zu geben. Wie schon die Tage zuvor wandte ich verschiedene Griffe aus dem *Jin Shin Jiutsu* an, einem alten chinesischen Heilstrom, um Gerds Lebensgeister zu aktivieren und seine Vitalströme zu harmonisieren. Sein Körper

---

[1] Energiestab, der die Heilung begünstigen kann

war durch die nassen Tücher eiskalt, und es war ein Wunder, dass das Blut überhaupt noch zirkulierte.

Irgendwann ließ das Fieber nach, und sein Schädel musste nun doch nicht geöffnet werden. Aber niemand konnte sagen, ob sein Gehirn zusätzlichen Schaden genommen hatte. Ich fürchtete mehr denn je um sein Leben, und plötzlich war mir klar, dass Gerd nicht mehr aus eigenem Antrieb aus dem Koma aufwachen würde. In meiner grenzenlosen Verzweiflung sprach ich ein Gebet, in welchem ich Gott um das Allerbeste für Gerd bat und zog außerdem eine Karte aus dem Erzengel Orakel-Kartendeck von *Doreen Virtue*. Es zeigte sich der Erzengel Raphael mit der Aussage „**Atme**". Die Karte hätte nicht treffender ausfallen können und deshalb klebte ich sie an die Wand gegenüber von Gerds Krankenbett. Von nun sollte der Erzengel Raphael über ihm wachen und seine Lungen daran erinnern, tief zu atmen.

Ein Krankenpfleger bat mich, Gerds goldene Halskette mit dem Jesusanhänger wieder mitzunehmen, welche ich ein paar Tage zuvor über sein Bett gehängt hatte. Ich wollte sie aber gerne dalassen, da Gerd diese Kette schon seit Jahren immer um den Hals getragen hatte. Er hatte sie einst in Mexiko erworben und seither nie mehr abgelegt. Zwei Wochen später war die Kette plötzlich verschwunden, und niemand wusste, wohin. Möge sie dem neuen Besitzer Glück und Schutz bringen!

Justin hatte seinen Vater auf der Intensivstation noch nicht besucht. So verzweifelt er um dessen Leben gekämpft hatte, war er dennoch im Moment nicht in der Lage, dem leblosen Körper im Krankenhaus gegenüberzutreten. Jede Nacht lag Justin wach in seinem Bett, tagsüber redete er kaum. Immer wenn er die Augen zumachte, sah er das schmerzverzerrte Gesicht seines Vaters vor sich, der mit dem Tode rang.

Ich setzte mich mit meiner Tochter Daniela in Verbindung, die ja immer noch in Chicago war, und bat sie, umgehend zurückzufliegen, um gemeinsam mit ihrem Bruder den Vater zu besuchen. Ich sah darin die einzige Chance, Gerd zur Rückkehr zu bewegen.

Zunächst aber brauchte Justin dringend Hilfe. Allein kam er mit der Situation nicht mehr zurecht. Zu viele Nächte waren schon schlaflos verstrichen. Wir machten einen Termin mit Frau Seliger, die als Schamanin arbeitete und die mir persönlich zuvor schon einmal aus einer Lebenskrise herausgeholfen hatte.

Bei einer Seelenreise konnte sie erkennen, dass Justins persönliches *Krafttier* ein riesiger Bär war. Durch den Schock des Erlebten hatte sich eine „kleine Angst" in seinem Kopf festgesetzt, die sich aber sofort auflöste, als das *Krafttier* sich zu erkennen gab. Innere Stärke und Selbstvertrauen konnten sich nun wieder entfalten. Erzengel *Raphael* übergab ihm den Äskulap-Stab, und Justin sollte selbst entscheiden, ob er bereit war, diesen anzunehmen. Helfer und Heiler sein war demnach seine Bestimmung.

Am 31. 10. kam Daniela aus Chicago zurück, und wie vorgesehen haben die Geschwister ihren Vater zum ersten Mal auf der Intensivstation besucht. Ich wartete draußen. Die drei hatten so eine besondere Verbindung zueinander, die wollte ich nicht stören, denn ich wusste, wenn überhaupt jemand Gerd zum Umkehren bewegen konnte, dann waren es seine Kinder.

Leider zeigte sich der gewünschte Erfolg nicht sofort. Nach anfänglichen Berührungsängsten sprachen die beiden mit ihrem Vater, als wäre er bei Bewusstsein. Sie erzählten von den vergangenen Tagen, welchen Schrecken er ihnen eingejagt hatte, wie stinksauer Daniela darüber war, dass er nicht auf sie gehört und rechtzeitig einen Arzt konsultiert hatte, einfach alles, was ihnen gerade in den Sinn kam. Aber Gerd wachte nicht auf und ließ auch sonst keinerlei Anzeichen erkennen, die darauf schließen ließen, dass er etwas vom Besuch seiner Kinder mitbekam.

Vierzehn Tage nach dem Herzinfarkt wurde ich ins Arztzimmer bestellt. Die künstliche Beatmung musste eingestellt werden, wurde mir erklärt, denn ließe man den Schlauch zu lange im Schlund, würden die Stimmbänder bleibenden Schaden davontragen. Und was würde passieren, wenn der Beatmungsschlauch entfernt wurde und Gerd nicht selbständig weiteratmen konnte? Da er keine Patientenverfügung hatte, musste ich nun zum Notariat, um auf dem Amtsweg die Berechtigung zu erhalten, stellvertretend für Gerd eine Entscheidung zu treffen. Sollte ihm im Fall des Falles ein Luftröhrenschnitt gesetzt werden oder eben nicht?

Da es um Leben und Tod ging, hatte der Notar schon am nächsten Tag einen Termin für mich und setzte nach einem längeren Gespräch dann auch die notwendigen Papiere auf, die mich – zunächst nur temporär – berechtigen sollten, lebenserhaltende Maßnahmen bei Gerd anzuordnen.

Noch am gleichen Tag wurde der Sauerstoffschlauch bei Gerd gezogen und damit also die künstliche Beatmung eingestellt. Gebannt stand ich an seinem Bett und beobachtete den Vorgang. Alles ging gut, und Gerd konnte selbständig weiteratmen! Gott sei Dank! Ein erster essenzieller Schritt zur Rückkehr ins Leben war damit getan.

Von jetzt an gab Gerd auch immer wieder Laute von sich, die allerdings mehr nach einem wilden Tier klangen als nach einem Menschen. Im Nachhinein glaube ich, sein Bewusstsein kehrte nach und nach zurück, aber er war vollkommen verängstigt und verstört, irgendwo zwischen den Welten gefangen. Auch die Ärzte wussten nicht richtig, wie sie jetzt mit ihm umgehen sollten, und so wurde ihm „zu seinem eigenen Schutz" immer wieder ein Mittel gespritzt, das ihn erneut in die völlige Dunkelheit zurückstieß. Für den Moment war das sicher eine Erleichterung für uns alle, vor allem für die Menschen um ihn herum, denen diese Urlaute Angst einflößen mussten. Aber auf längere Sicht war damit nichts gewonnen, weil er immer wieder aufs Neue durch diesen Dämmerzustand hindurchmusste.

Wir überlegten uns ständig neue Ideen, wie wir Gerd animieren konnten, ins Leben zurückzukehren.

Inzwischen hatten wir für ihn eine CD gebrannt mit ein paar Musiktiteln, die ihm vielleicht etwas bedeuten könnten. Es waren Lieder, die er im Vorjahr gerne gehört und bei einer Party im Fußballlager in Kroatien mit seinen Kameraden lautstark mitgesungen hatte. Irgendwie hatten wir alle diese eine Filmszene im Kopf, in der der Titelheld beim Erkennen einer bestimmten Melodie plötzlich die Augen aufmacht und das Happy End in Sicht ist. Leider geschah das nicht.

Dennoch stellte ich das Buch „Steh auf" von *Boris Grundl* in das Regal neben Gerds Krankenbett. Erst vor wenigen Monaten hatten wir gemeinsam einen inspirierenden Vortrag besucht, in dem *Boris Grundl* eindrucksvoll schilderte, wie er bedingt durch seine Querschnittlähmung, welche zuerst für ihn das Ende der Welt bedeutete, in ein neues, besseres Leben fand! Wenn Gerd aufwachte, sollte er sich gleich daran erinnern und erkennen, wie man gerade nach einem herben Schicksalsschlag neu anfangen konnte.

Einen Tag später wollte ich Gerd noch spät abends besuchen, wurde aber nicht zu ihm gelassen. Er sei sehr unruhig und werde gerade behandelt. Ich sollte mich in Geduld fassen und draußen im Wartebereich vor der Station Platz nehmen, wurde ich angewiesen. So kam es leider immer wieder. Wenn Gerd unruhig wurde, erhielt er eine weitere Dosis Beruhigungsmittel, die ihn erneut ins künstliche Koma versetzte. So konnten wir gar nie unterscheiden, wie viel seiner Bewusstlosigkeit bedingt war durch ein künstlich herbeigeführtes Koma. Wie groß waren seine Kraft und sein Wille, in diese Welt zurückzukehren? Wo hörte das eine auf und fing das andere an? Ich ließ mir sagen, dass es so am besten für ihn sei, denn die große Unruhe könne seiner Psyche zusätzlich schaden, und außerdem könnte er sich verletzen, wenn er sich im Bett hin und her werfe. Und deshalb war er auch immer mal wieder ans Bett „fixiert" worden, wenn ich zu ihm kam. Allein schon dieser Anblick zerriss mir das Herz.

Als ich nun darauf wartete, zu Gerd ins Zimmer gelassen zu werden, gesellte sich der Chef der Klinik zu mir und erzählte, dass er vor Kurzem seinen besten Freund durch einen Herzinfarkt verloren hätte. Dieser habe niemanden gehabt, der ihm zu Hilfe gekommen war, und so sei er ganz allein plötzlich und unerwartet verstorben. Ich konnte spüren, wie dieser Umstand dem Arzt zugesetzt hatte. Er erkundigte sich, wie alt Justin denn sei, dass er so umsichtig hatte handeln können und damit seinem Vater das Leben gerettet hatte. Dies sei Gerds großes Glück gewesen, und zugleich stelle es für Justin eine riesige Belastung dar, den Vater im Todeskampf gesehen zu haben. Und ganz egal, wie es für Gerd jetzt weiterginge, ich dürfe nicht zulassen, dass Justin sich jemals Vorwürfe mache, nicht genug getan zu haben. Tatsächlich habe sein Verhalten das Menschenmögliche bei Weitem überstiegen! Trotz allem ließe Gerds Zustand zurzeit keine Prognosen zu, wir müssten also immer auf alles gefasst sein.

Kurz darauf begleitete mich der Arzt in Gerds Zimmer. „Das ist immer ein sehr schwerer Gang, dieser Weg von der Schleuse zum Krankenzimmer. Weil ich nie weiß, in welchem Zustand ich meinen Mann vorfinde", bemerkte ich. Doch heute konnte ich Gerd schon in seiner Verzweiflung schreien hören; wenngleich er keine verständlichen Worte von sich gab, war deutlich zu erkennen, dass er sich in einem Zustand allergrößter Angst befand. Er warf sich unruhig im Bett hin und her und schrie wie ein wildes Tier, das sich in einer Falle befand. Ich ging direkt auf ihn zu und legte ihm eine Hand auf die Stirn, die andere unter den Nacken und flüsterte ihm beruhigende Worte ins Ohr. Innerhalb kürzester Zeit wurde Gerd ganz still, sein Herzrhythmus stabilisierte sich auf normalem Niveau, sein Körper entspannte sich. Die Anzeige am Vitalmonitor verlief wieder in regelmäßigen Kurven. Der „Notfallstrom" aus dem *Jin Shin Jiutsu* tat seine Wirkung. Als ich mich später umwandte, stellte ich fest, dass der Klinikchef nicht mehr da war. Er hatte von der Tür aus beobachtet, wie positiv Gerd auf meine Anwesenheit reagierte, und deutete dies als sicheres Zeichen, dass er mich erkannt hatte. Daraufhin veranlasste er, dass nun doch noch einmal vehement nach einem Früh-Reha-Platz für Gerd gesucht wurde. Die Kliniken in der näheren Umgebung, die dafür infrage gekommen wären, waren alle belegt gewesen, aber dann wurde man im Allgäu doch noch fündig.

Für eine Verlegung dorthin war allerdings Voraussetzung, dass Gerd künstlich ernährt werden konnte, wofür zunächst ein Zugang gelegt werden musste, was natürlich eine weitere extreme Belastung für seinen ohnehin geschwächten Körper bedeutete.

Eines Morgens wurde bei örtlicher Betäubung eine Magensonde gelegt, und sofort anschließend wurde Gerd per Krankentransport von der Intensivstation in die Neurologie im Allgäu verfrachtet.

17. 11. 2011–25. 01. 2012: Neurologische Klinik, Allgäu

Meine Mutter und ich fuhren direkt von zu Hause mit dem eigenen Auto dorthin und warteten auf der Station auf Gerds Ankunft, die sich allerdings um Stunden hinauszögerte. Selbstredend bereute ich sofort, Gerd nicht im Krankenwagen begleitet zu haben, aber wie wäre ich dann wieder nach Hause gekommen? Ich brachte nicht den Mut auf, die beiden Sanitäter zu fragen, warum sie so furchtbar lange unterwegs gewesen waren. Gerd war nur mit einem Krankenhaushemd bekleidet transportiert worden und war völlig ausgekühlt, als er nach mehr als drei Stunden in sein neues Bett gelegt wurde. Obwohl er immer noch nicht voll bei Bewusstsein war, schrie er laut vor Schmerzen und Angst. Die Situation war für uns alle grausam und unmenschlich.

In der Rehaklinik erhielt er ein schönes Einzelzimmer mit Balkon, welches allerdings überhaupt nicht für Intensivmedizin ausgestattet war. Deshalb machte ich mir allergrößte Sorgen, wie Gerd hier überhaupt überwacht und umfangreich versorgt werden konnte.

Aber das Schlimmste sollte uns noch bevorstehen. Nach einer Weile erschienen zwei Neurologen, die mit lauten Stimmen auf Gerd einredeten: „Tut uns sehr leid, aber da Sie ja nicht mit uns sprechen, müssen wir Sie jetzt ein bisschen plagen, um festzustellen, ob Sie etwas mitkriegen!" Und mit diesen Worten kniffen sie Gerd abwechselnd in seine Schienbeine! Am liebsten hätte ich meinen Mann genommen, um mit ihm fluchtartig das Krankenhaus zu verlassen, aber auch dazu fehlte mir der Mut! Stattdessen stand ich wie versteinert ein paar Schritte entfernt und klammerte mich in meiner Verzweiflung am Tisch fest.

Später wurde es dann besser. Die Pflegekräfte, die sich anschließend um Gerd kümmerten, waren ganz besonders freundlich und umsichtig, redeten ihn mit leiser Stimme an und machten einen sehr guten Eindruck auf mich. Als dann sein Zimmer noch mit einem Monitor ausgestattet wurde, über den Gerds Vitalfunktionen auch vom Schwesternzimmer aus beobachtet werden konnten, war ich beruhigt. Nun wurde Gerd zum ersten Mal über die neue Magensonde ernährt. Als meine Mutter und ich ein paar Stunden später die Heimfahrt antraten, lag er ganz still in seinem neuen Bett.

Als ich an diesem Abend selbst endlich in meinem Bett lag, waren meine Gedanken bei Gerd. Was würde ihm in der neuen Klinik bevorstehen? Welche Fortschritte waren zu erwarten? Wie würde es ihm ergehen? Wurde er gut gepflegt? Wer kümmerte sich um ihn, wenn ich nicht da war? Denn ich musste ja nach wie vor täglich meiner Arbeit nachgehen, und das bedeutete, morgens fuhr ich fünfundzwanzig Kilometer zur Arbeit und später am Abend von dort den ganzen Weg ins Allgäu. Und das im Winter. Ich war demnach also jedes Mal mehrere Stunden im Auto unterwegs, und es würde nicht mehr möglich sein, Gerd unter der Woche weiterhin täglich zu besuchen. Ich packte alle meine Sorgen in mein Nachtgebet und schloss natürlich auch die allerbesten Genesungswünsche für Gerd mit ein, sodass ich endlich Ruhe fand und einschlief.

Als ich am nächsten Morgen aufwachte, wollte ich selbstredend wissen, wie Gerd die erste Nacht in der neuen Umgebung verkraftet hatte, gleichzeitig hatte ich jedoch Angst, in der Klinik anzurufen. Ich nahm meinen ganzen Mut zusammen und wählte die Nummer der Station. Die Antwort fiel kurz und sachlich aus. Gerd habe eine sehr unruhige Nacht verbracht; ansonsten gab es nichts zu berichten.

Am Wochenende war ich ganz besonders früh in der Klinik und wollte gerade sein Zimmer betreten, als eine Schwester mich zur Seite nahm. „Nicht erschrecken, Frau Kähler, es gibt Neuigkeiten! Als ich heute früh ins Zimmer kam, um die Vorhänge zu öffnen, sagte ich wie immer „Guten Morgen, Herr Kähler!" und war wie vom Donner gerührt, als die Antwort kam: „Guten Morgen!" Gerd hatte sich im Bett aus eigener Kraft aufgesetzt und ihren Gruß erwidert! Sie musste sich vor Schreck erst mal selber auf einen Besucherstuhl setzen. Das sei eine Situation gewesen, die sich für sie anfühlte wie „von den Toten auferstanden"!

Dies war das allererste Mal seit seinem Herzinfarkt vor knapp vier Wochen, dass Gerd etwas Verständliches sagte, und das auch noch nach der Prozedur mit der Magensonde und dem fürchterlichen Krankentransport am Vortag! Und dass er sich selbständig im Bett hatte aufrichten können, überstieg jegliches Vorstellungsvermögen.

Ich freute mich riesig und eilte ins Krankenzimmer hinein, doch als ich Gerd dann tatsächlich auf seinem Bett sitzen sah, traf es mich wie ein Blitz, und ich konnte gerade noch zur Tür hinaus, wo ich dann auf dem Flur schluchzend auf die Knie fiel. Sofort waren zwei Pflegerinnen bei mir und stützten mich. Sie versuchten nicht lange auf mich einzureden, sondern konnten verstehen, dass diese neue Situation mich im wahrsten Sinne des Wortes umgeworfen hatte!

Als ich dann schließlich doch zu Gerd gehen konnte, musste ich feststellen, dass dies nicht die Person war, die ich erwartet hatte. Rein äußerlich sah er aus wie Gerd, sogar erstaunlich gut. Seine Gesichtszüge wirkten richtig entspannt, man sah ihm die Strapazen, die er in den letzten vier Wochen erdulden musste, gar nicht an. Allerdings reagierte Gerd wie ein Fremder. Seine Antworten waren unsicher und einsilbig. Bestimmt musste er sich erst an die neue Umgebung gewöhnen, und das brauchte halt Zeit. Aber es war weit mehr als das. Gerd hatte am 25. 10. diese Welt verlassen und war nun mehr oder weniger unfreiwillig zurückgekehrt. Er wirkte sehr distanziert und schien auch gar nicht glücklich darüber, wieder bei Bewusstsein zu sein. Nach und nach lernten wir immer mehr über seinen neuen Zustand, ohne jedoch wirklich zu begreifen. Das Gute war, dass er mich wiedererkannte. Wie der Arzt mir später erzählte, hätte durchaus die Möglichkeit bestanden, dass er sich an niemanden mehr erinnerte. Von seinem Herzinfarkt wusste Gerd überhaupt nichts mehr. Wenn wir ihm davon erzählten, hörte er staunend zu und sagte immer wieder „Das weiß ich gar nicht", „Daran kann ich mich gar nicht erinnern". Und nicht nur der Tag, an welchem sich der Herzinfarkt ereignet hatte, nein, er hatte auch an etliche Jahre davor einfach keine Erinnerung mehr. Auf die Fragen des Neurologen antwortete er, er sei fünfunddreißig Jahre alt und lebe in Tecumseh, Michigan. Er lebte also in dem Zeitraum, in dem wir in die USA ausgewandert waren und unser Sohn zur Welt kam. Offensichtlich hatte er an diese Zeit besonders glückliche Erinnerungen, in die er sich immer wieder flüchtete. So kam es auch, dass er mit dem Pflegepersonal manchmal englisch sprach. Meist dann, wenn ihm etwas nicht passte, brachte er seinen Unmut bevorzugt auf Englisch zum Ausdruck.

Den Ärzten war es vollkommen unerklärlich, dass er die Kraft gehabt hatte, sich allein und ohne fremde Hilfe aufzusetzen. Allerdings hatte er dabei große Schmerzen, auch wenn er sich umdrehen wollte.

Daraufhin wurden Untersuchungen angeordnet, die ergaben, dass er offensichtlich bei der Herzmassage Rippenserienbrüche erlitten hatte. Auf so etwas hatte bislang niemand geachtet, und so grenzte es schon fast an ein Wunder, dass keine der gebrochenen Rippen seine Lunge perforiert hatte! Auch diesmal wieder konnten wir feststellen, dass Gerd mehrfach dem Tod entronnen war, nicht nur in der akuten Herzinfarktsituation, sondern noch einige Male danach, wie eben durch die gebrochenen Rippen, die innere Blutung nach dem Stent-Eingriff, die doppelseitige Lungenentzündung, das hohe Fieber, das Anschwellen des Gehirns. Es wurde immer offensichtlicher, dass es noch einen Grund geben musste, warum Gerd weiterhin auf dieser Erde verweilte. Und jetzt flüchtete sich sein Bewusstsein in eine für ihn glückliche Zeit!

An diesem Tag postete *Doreen Virtue* diese Karte im Internet:

> Auch wenn du es heute
> vielleicht noch nicht verstehen kannst,
> nichts geschieht ohne Grund.

Deine heutige Karte versichert dir, dass in jeder Erfahrung, die du in deinem Leben machst, ein Zweck, ein Segen und eine Lektion liegen. Die schmerzhaften Erfahrungen haben dein Leben verändert, und du konntest hoffentlich Vergebung üben, sodass du nicht länger in Angst oder Wut gefangen bleibst. Wenn wir unsere Lektion gelernt haben, müssen wir diese bestimmte Situation nie mehr erfahren. Was hast du in deinem Leben gelernt, was dir geholfen hat Frieden zu schließen mit einigen der schmerzhaften Erfahrungen, die du machen musstest? Deine Vergangenheit könnte einer anderen Person helfen, die diese wichtige Lebenslektion noch verstehen muss.

Doreen Virtue

Diese vorangegangenen Wochen des Hoffens und Bangens hatten sehr an meiner Kraft gezehrt. Während ich versucht hatte, für Gerd eine Reha-Klinik zu finden, wo er optimal versorgt wurde, und gleichzeitig in vollem Umfang meiner eigenen Berufstätigkeit nachzugehen, war mir ein gesunder Ess-Schlaf-Zyklus völlig abhandengekommen. Körperlich war ich ausgelaugt und erschöpft.

Justin vernachlässigte ich dabei völlig. Statt mich um ihn zu kümmern, fand ich bei ihm noch Unterstützung und Halt, während er im Gegenzug über seine eigenen Gefühle nie sprach. So war es wieder einmal an der Zeit, die Schamanin aufzusuchen. Bei der Energiearbeit konnte Frau Seliger erkennen, wie schlimm es um Gerd bestellt war und wie sehr auch meine Gesundheit unter der ganzen Situation litt, und so riet sie mir: „Überlassen Sie seinen Körper den Ärzten, und leben Sie Ihr eigenes Leben."

Ich weiß, dass sie es nur gut mit mir meinte, dennoch schockierte mich diese Aussage, und ich konnte ihren Rat auf gar keinen Fall annehmen.

Als Justin und ich am Heiligabend 2011 von der Klinik im Allgäu nach Hause fuhren, waren wir beide sehr still und sprachen wenig. Wir waren sehr traurig, weil wir Gerd allein in der Klinik zurücklassen mussten und nicht mit ihm zu Hause Weihnachten feiern konnten. Dabei musste ich mich ganz besonders auf die Straßen konzentrieren. Eis und Schnee machten die Fahrt heute extrem anstrengend und ermüdend. Als wir aus einem Waldstück herausfuhren, entdeckte Justin plötzlich einen Kometen am dunklen Nachthimmel! Wir freuten uns sehr über dieses lichtvolle Zeichen in der Heiligen Nacht und fassten wieder neuen Mut.

Um ein bisschen Abstand zu gewinnen und klarer denken zu können, wagte ich es, am zweiten Weihnachtsfeiertag in die USA zu fliegen, um meine Tochter Daniela zu besuchen, die ja immer noch ihr Auslandspraktikum in Chicago absolvierte. Sie bewohnte ein kleines Apartment in Schaumberg, das von der Firma bezahlt wurde, bei der sie als Praktikantin arbeitete. Es bestand aus einer Wohnküche mit Schlafgelegenheit, Arbeitsplatz und Badezimmer und war eher zweckmäßig als hübsch eingerichtet. Aber das Queensize-Bett bot Platz für uns beide. Daniela verfügte außerdem über ein Firmenauto, mit dem sie mich vom Flughafen abholte. Bei einem kleinen Abendessen berichtete ich ihr ausführlich über Gerds Fortschritte in der Rehaklinik, und anschließend gingen wir früh schlafen. Die folgenden Tage frühstückten wir gemeinsam, und wenn sie dann zur Arbeit musste, setzte sie mich unterwegs irgendwo ab, oder ich lief zu Fuß zur Mall hinüber, die nur ein paar hundert Meter vom Apartmentkomplex entfernt lag.

Es war recht stürmisch, und ein eisiger Frost hatte die Stadt fest im Griff. Ich musste mich jedes Mal warm einpacken, wenn ich das Haus verlassen wollte, um etwas zu unternehmen. Nicht umsonst wird Chicago auch „The Windy City" genannt. Wenn es Danielas Tagesablauf zuließ, trafen wir uns dann wieder zum Lunch oder spätestens zum Abendessen.

So verbrachte ich ein paar schöne, abwechslungsreiche Tage in Illinois und hatte doch genügend Gelegenheit, mich auszuruhen und meine Gedanken zu ordnen, während ich Gerd gut versorgt in der Rehaklinik wusste.

Meine Freude war vollkommen, als wir auf der Michigan Avenue das Restaurant entdeckten, in welchem ich Jahre zuvor auch schon mit Gerd einmal war! Ich hatte nicht damit gerechnet, dass es dieses Lokal überhaupt noch gab, und so beschlossen Daniela und ich spontan, am Silvesterabend dort zu essen und anschließend das Feuerwerk am Pier zu genießen. Eigentlich war es schon zu spät für eine Reservierung, aber wir hatten Glück und ergatterten einen schönen Tisch am Fenster direkt über der *Magnificent Mile*! Und während ich mich an den weihnachtlichen Lichtern erfreute und die vorbeieilenden Menschen draußen auf der Straße beobachtete, kullerten dann doch ein paar Tränen über mein Gesicht, weil mein Gerd heute nicht dabei sein konnte.

Ein paar Tage nach meiner Rückkehr erfuhr ich durch eine Freundin von Frau Heinz, die energetische Wirbelsäulenaufrichtung praktizierte. Ich nahm mit der Frau Kontakt auf und schilderte ihr Gerds Situation. Da er nicht in der Lage war, Frau Heinz in ihrer Praxis aufzusuchen, war ich überglücklich, als sie sich bereit erklärte, Gerd in der Rehaklinik zu besuchen, um zu sehen, wie sie ihm helfen konnte.

Wir hatten uns für den nächsten Samstagvormittag verabredet. Ich selbst war schon eine Stunde vor dem vereinbarten Termin dort und war überrascht, als der Chefarzt persönlich auch schon so früh bei Gerd im Zimmer auftauchte. Immerhin war es Wochenende! Irgendwie hatte der Professor von unserem Vorhaben Wind gekriegt und war wohl neugierig, was wir mit seinem Patienten vorhatten. Ich hoffte und betete, dass er sich entfernen möge, bevor Frau Heinz den Raum betrat. Denn obwohl wir bestimmt nichts Böses im Sinn hatten, fühlte sich plötzlich alles wie eine geheime Verschwörung an. Glücklicherweise gelang es dann doch, und sie konnte ein paar Minuten mit Gerd allein verbringen. Als sie an sein Bett trat, hatte er ihr den Rücken zugewandt und die Augen geschlossen. Wir konnten nicht sagen, ob er schlief oder vor sich hindöste. Frau Heinz stellte sich hinter ihn und hielt ihre Hände über Gerds Brust und Kopf, ohne ihn jedoch zu berühren. Da nahm Gerd völlig unvermittelt einen tiefen Atemzug, blies die Luft heftig durch den Mund wieder aus und öffnete die Augen. Ich fuhr vor Überraschung ganz zusammen. Frau Heinz aber strahlte und meinte, die Tatsache, dass er körperlich so heftig auf die Energiezuführung reagiert habe, bedeute, dass nun Heilung eintrete. Wir könnten in den nächsten sechs Monaten mit gewaltigen Fortschritten rechnen!

Nach der Behandlung schlief Gerd mehrere Stunden ganz fest und ich war selig.

„Der Verstand kann uns sagen, was wir unterlassen sollen.
Aber das Herz kann uns sagen, was wir tun müssen."
Joseph Joubert

Für mich schien es nun der nächste logische Schritt, die Sonde aus seinem Magen zu entfernen und Gerd wieder an normales Essen und Trinken zu gewöhnen. Leider geriet ich deswegen mit dem Chefarzt in einen Streit. Er meinte, es sei wichtig, dass Gerd weiterhin künstlich ernährt wurde, denn nur so konnte man genau verfolgen, wie viel Nahrung und vor allem Wasser sein Patient täglich zu sich genommen hatte. Ich führte ihm vor Augen, wie sich das für Gerd anfühlen musste, seit Wochen keine Flüssigkeit mehr über seine Lippen aufgenommen zu haben, seine Schleimhäute in Mund und Rachen waren ganz ausgetrocknet. Und der Genuss von Essen und Trinken hatte meiner Meinung nach nicht zuletzt erheblich mit Lebensqualität zu tun! Er meinte jedoch, Gerd fehle es an überhaupt nichts und die Gefahr, sich zu verschlucken und dadurch eine erneute Lungenentzündung heraufzubeschwören, wäre viel zu groß! Für Gerd war jedoch Essen und Trinken immer auch ein Stück Lebensfreude gewesen, und so bestand ich auf einem Versuch, der dann schließlich vom Chefarzt persönlich vorgenommen wurde! Er gab Gerd, der zu diesem Zweck auf einem Rollstuhl fixiert war, einen Löffel Joghurt in den Mund, während eine Krankenschwester und ich gespannt zuschauten. Gerd genoss das Geschmackserlebnis sichtlich und hatte keinerlei Probleme mit Kauen und Schlucken! Als ob er mir beweisen wollte, dass ich im Unrecht war, führte der Arzt Gerd jetzt mehrere Löffel Joghurt in immer kürzeren Abständen zu – aber Gerd verarbeitete die verabreichte Nahrung souverän und freute sich sichtlich über die Abwechslung. Er gab sogar ein paar freudige Geräusche von sich und schnalzte mit der Zunge: „Hmm! Gut!" Fast schon verärgert stellte der Arzt den Joghurtbecher mitsamt Löffel unwirsch auf dem Tisch ab und ließ die Schwester und mich mit Gerd im Krankenzimmer zurück.

Weniger erfreulich verliefen dagegen die neurologischen Untersuchungen, deren Ergebnisse besagten, dass Gerd blind sei! Das konnte ich kaum glauben, denn wenn mit ihm gesprochen wurde, drehte er den Kopf immer in die Richtung der entsprechenden Person. Auch wirkten seine blauen Augen so lebendig, dass man einfach den Eindruck haben musste, dass er sehen konnte. Aber die Auswertungen der umfangreichen Tests waren leider eindeutig und ließen keinen Raum für Spekulationen und auch keine Hoffnung auf Besserung.

Ganz besonders erschreckte mich eine Situation, die wir immer wieder am Kaffeeautomaten erleben mussten. So oft wir konnten, verlagerten wir Gerd aus dem Krankenbett in den Rollstuhl und machten eine „Spazierfahrt" durch die verschiedenen Gebäude der Klinik, bevor wir dann in der kleinen Selbstbedienungscafeteria einkehrten. Immer wenn Gerd dort das Geräusch des Kaffeeautomaten hörte, lauschte er auf, drehte den Kopf in Richtung der Maschine und begann dann auf der Tischfläche seines Rollstuhls zu tippen, als wolle er eine Anlage programmieren. Ich wusste nicht, ob ich seine Reaktion als gut oder schlecht einstufen sollte. Zum einen war jede Wahrnehmung seiner Umwelt etwas Gutes, zum anderen zeigte es einmal mehr, wie sehr Gerd mit seinem Beruf verbunden war, wenn die Arbeit offenbar schon zu einem Instinkt geworden war. Er wusste ganz offensichtlich, was zu tun ist, wenn es um eine Maschine oder einen Automaten ging, konnte aber nicht erkennen, dass er nicht bei der Arbeit war, sondern in einer Früh-Reha-Klinik an einen Rollstuhl fixiert! Es blieb für Außenstehende unerklärlich, in welchem Ausmaß Gerd in einer komplexen Situation hilflos gefangen war!

Also überlegte ich, wie ich diese instinktive Reaktion von Gerd nutzen und weiter ausbauen konnte, indem ich vielleicht den Kinder-Laptop mit in die Klinik brachte, auf welchem Justin vor Jahren gespielt hatte. Darauf wurden Bilder gezeigt, deren Namen man aussprechen sollte, und englische Worte genannt, die man auf Deutsch wiederholen sollte oder umgekehrt. Intuitiv hielt ich das für ein gutes Training. Dann aber begann ich alles zu hinterfragen: Was, wenn Gerd sich gekränkt fühlte, wenn ich mit dem Kinderspielzeug ankam …? Oder noch schlimmer: Was, wenn Gerd das Kinderspielzeug nicht bedienen konnte? Im Keller kramte ich den gelb-roten Laptop hervor. Er funktionierte nach all den Jahren sogar noch tadellos! Ich probierte ein paar der Programme aus, alles einwandfrei funktionstüchtig. Fast hätte ich mir gewünscht, er wäre kaputt gewesen, dann wäre die Angelegenheit erledigt gewesen. Sollte ich das Gerät nun mitnehmen in die Klinik oder nicht? Konnte ich die Enttäuschung verkraften, wenn Gerd nicht damit umgehen konnte?

In den nächsten Tagen erhielt Gerd Besuch von seinen Wanderkameraden. Mit gemischten Gefühlen und großen Erwartungen waren sie ins Allgäu gefahren. Sicher schwang bei der Reise auch ein bisschen Melancholie mit, da sie diese Strecke noch vor wenigen Monaten gemeinsam mit Gerd gefahren waren, um in den Bergen zu wandern und ein kameradschaftliches Wochenende zu verbringen. Diesmal hatten sie sogar alkoholfreies Bier mitgenommen, um Gerd eine Freude zu machen. Was sich bei dem Besuch selbst abgespielt hatte, wurde mir nie genau erzählt, aber die Freunde waren nicht darauf vorbereitet gewesen, Gerd so anzutreffen. Sicher, sie wussten, dass er auf Hilfe angewiesen war, aber dass seine Einschränkungen dann doch so komplex waren, war für die Kameraden ganz schwer zu verkraften, und die wenigsten konnten mit der neuen Situation umgehen. Leider konnte sich Gerd später an den Besuch seiner Freunde auch nicht mehr erinnern. Ich fragte ihn, ob jemand ihn besucht habe. Ob er Geschenke erhalten habe. Worüber sie sich unterhalten hätten.

Alle Fragen wurden von ihm verneint, und als ich nachbohrte, wurde er nur ärgerlich.

An einem der darauf folgenden Wochenenden erhielt Gerd Besuch von seinem Freund und Vorgesetzten Robert. Dieser kam mit zwei überdimensionalen Blumensträußen und zwei Genesungskarten von Gerds Kollegen und der Geschäftsleitung an. Ich hatte Robert schon vor Wochen ermutigt, Gerd im Krankenhaus zu besuchen, doch redete er sich immer damit heraus, dass auf der Intensivstation sicher nur engste Familienmitglieder erlaubt seien. Robert hatte vor wenigen Jahren seinen eigenen „Ground Zero" erlebt, als er nach einem Schlaganfall tagelang im Koma lag. Deshalb wusste er in etwa, was ihn bei Gerd erwartete. Nun war es also so weit, und Robert musste sich seiner Angst stellen und seinem Freund und Mitstreiter gegenübertreten.

Ich war an diesem Sonntag zusammen mit meiner Mutter und Justin auch in der Klinik. Justin war Robert auf dem Parkplatz entgegengelaufen, um ihm den Weg auf die Station zu weisen. Bevor er ins Krankenzimmer gehen durfte, mussten wir jedoch noch gemeinsam auf dem Flur warten, während Gerd von den Pflegern zurechtgemacht, im Rollstuhl festgeschnallt und dann herausgeschoben wurde. Aus irgendeinem Grund war ich schrecklich nervös. Manchmal ließ er sich von den Pflegern nicht anfassen und schrie laut, wenn er gewaschen und angezogen wurde. Irgendwie hatte ich ständig das Gefühl, Gerd beschützen zu müssen und dafür Sorge zu tragen, dass er bei anderen den bestmöglichen Eindruck machte. Wenn Gerd etwas nicht wusste oder sagen konnte, fühlte es sich für mich an, als hätte ich persönlich versagt. Wie eine übermotivierte Mutter, die sich schuldig fühlt, wenn ihr Kind eine schlechte Note geschrieben hatte. Noch jahrelang glaubte ich, Gerd konnte mit seinem Handicap nicht umgehen, er konnte sein Schicksal nicht annehmen, dabei konnte ich es genauso wenig!

Was immer Robert bei Gerds Anblick auch durch den Kopf gegangen sein mag, er behielt es für sich und redete mit Gerd, so

„normal" er nur konnte. Ich atmete erleichtert auf. Robert war tatsächlich einer der wenigen, denen es gelang, mit Gerd umzugehen. Und Gerd freute sich sichtlich über seinen Besuch und wäre am liebsten mit ihm direkt zurück in die Firma gefahren, um seine Arbeit dort wieder aufzunehmen.

Obwohl es ziemlich frisch war draußen, unternahm Robert mit Gerd eine Spazierfahrt durch den Garten der Rehaklinik und strahlte hinterher übers ganze Gesicht. Er hatte das Gefühl, Gerd konnte gut sehen, denn er hatte im Garten den Menschen hinterhergeblickt, die ihnen begegnet waren, und konnte wohl auch unterscheiden, ob es sich dabei um einen Mann oder eine Frau handelte! Diese positive Rückmeldung versetzte uns alle in Hochstimmung. Für mich war es endlich die Bestätigung, dass ich mir Gerds Fortschritte nicht nur eingebildet hatte.

In den folgenden Wochen wurden die Reha-Maßnahmen erweitert: Das Üben von Essen und Trinken unter therapeutischer Aufsicht stand nun fest auf dem Trainingsplan. Außerdem sollte Gerd gehen üben auf einem Laufband. Um hierbei die Sturzgefahr so minimal wie möglich zu halten, wurde Gerd jeweils an den Haltegriffen angeschnallt. Wenn immer Justin in der Nähe war, musste er mithelfen und die Therapeutinnen bei ihrer Arbeit unterstützen. Dabei legte der Junge deutlich mehr Feingefühl an den Tag als diese. Offensichtlich war die Zeit obligatorisch knapp bemessen, und man konnte nicht abwarten, bis Gerd sich selbst in den Rollstuhl gesetzt, seine Füße auf die Ablage gestellt hatte und zur Abfahrt bereit war. So musste ich einmal beobachten, wie der Rollstuhl mit Schwung umgedreht, gekippt und rückwärts weggezogen wurde, als Gerd nicht gleich seine Füße auf den Rastern stehen hatte. Ich sehe heute noch das Entsetzen in seinem Gesicht, als es so unvermittelt abwärts und rückwärts ging, und bin überzeugt, dass allein der Schock, der ihm hierbei widerfuhr, den Nutzen jener Therapieeinheit zunichtegemacht hat.

Ein anderes Mal wurde er mit dem Rollstuhl eine Rampe hochgekarrt und sollte sich dann selbständig aufs Laufband stellen. Es funktionierte aber nicht, egal wie Gerd sich auch bemühte. Zu zweit zogen und zerrten die Therapeutinnen an ihm und redeten lautstark auf ihn ein – aber es war nichts zu machen. Ich konnte hören, wie sie zunehmend ärgerlicher und der Ton lauter wurde, als Gerd dann seine ganze Kraft zusammennahm und sich auf dem Laufband aufrichtete: Der Rollstuhl stand jetzt frei in der Luft nach hinten weg – man hatte vergessen, erst die Gurte zu lösen, mit denen Gerd im Stuhl fixiert war! Mir schossen die Tränen in die Augen, und gleichzeitig schnürte mir die Wut die Kehle zu. Wie gerne hätte ich die Therapeutinnen jetzt angeschrien – tat es aber nicht. Es war zwar deutlich zu sehen, dass ihnen die Angelegenheit peinlich war, aber es kam kein Wort der Entschuldigung gegenüber Gerd über ihre Lippen.

Nach ein paar Wochen schon konnte Gerd wieder ohne fremde Hilfe gehen – wunderbar! Gleichzeitig wurde sein Bewusstsein auch immer klarer, und wir lagen oft abends zusammen auf seinem Bett und schmiedeten Pläne, was er tun würde, wenn er jetzt sofort gesunden und die Klinik verlassen könnte. An oberster Stelle stand immer seine Arbeit. Als Allererstes wollte er seine alte Tätigkeit wieder aufnehmen, zurück in „seine" Firma, wieder reisen und „seine Kunden" besuchen.

Irgendwann kam uns der Gedanke, dass das gar nicht in seinem besten Interesse war, denn es musste ja offensichtlich einen Grund gegeben haben, der zu dem Herzinfarkt geführt hatte. Nun war ihm ein zweites Leben geschenkt worden und das verlangte nach einem neuen Plan. Also überlegten wir Alternativen. Wir gründeten in Gedanken eine eigene Firma oder verkauften deutsche Brezeln an einem Stand in irgendeinem exotischen Land, wo wir uns wohlfühlten. Aber egal wohin unsere Tagträume auch immer führten, eines war für Gerd stets ganz wichtig: Justin durfte nicht unter Gerds Handicap leiden. Er wollte nicht zulassen, dass sein Sohn aus Sorge um den Vater irgendwelche Abstriche machen musste.

Irgendwann mussten wir allerdings einsehen, dass es sich bei Gerds Einschränkungen um weit mehr als „nur" um Blindheit handelte, sondern um komplexe Wahrnehmungsstörungen im weitesten Sinn. Sein Gemütszustand schwankte zwischen zwei Extremen. Einmal war er hoffnungsfroh und überzeugt, dass er das alles überwinden und wieder ein „normales Leben" führen würde, und dann stürzte er wieder in allertiefste Verzweiflung, und sein Gesicht sah aus wie in der Zeichnung „Der Schrei" von Edvard Munch.

Oft ging er allein den langen Krankenhausflur entlang und erkundigte sich bei den vorbeikommenden Pflegern oder Besuchern, wo denn das Terminal sei. Er müsse dringend seinen Flug nach Paris erwischen! Bei jeder Gelegenheit konnte man spüren, dass seine Berufstätigkeit oberste Priorität besaß. Selbst jetzt, im unterbewussten Zustand, wollte er unbedingt seiner Arbeit nachgehen! Oft sprach er die Leute auch auf Englisch an. War er gedanklich noch auf einer Geschäftsreise?

„Wo bin ich?" „Welcher Tag ist heute?" Diese Fragen stellte er pausenlos, ohne mit den Antworten aber wirklich etwas anfangen zu können. Manchmal traf ich ihn verzweifelt und tränenüberströmt auf dem Flur an. Er wollte abreisen, konnte aber sein Flugticket nicht finden! Weil das unbeaufsichtige Hin- und Herwandern in der Klinik für Gerd auch gefährlich werden konnte, wurde er immer öfters wieder in einem Rollstuhl fixiert. Und so sagte er einmal zu mir, als er angeschnallt war wie ich ihn besuchen kam: „Ich will jetzt endlich aus diesem Auto raus!" Er befand sich im Zustand allergrößter Orientierungslosigkeit.

Diese depressiven Phasen wurden abgelöst von Phasen der absoluten Selbstüberschätzung – er wollte telefonieren, obwohl er die Tasten nicht drücken konnte, weil er gar nicht wusste, wie rum er das Telefon halten sollte. Er wollte nach Hause, sein normales Leben wieder aufnehmen, obwohl er sich niemals zurechtfinden würde. Er glaubte, wenn er nur erst aus dem Krankenhaus raus wäre, wäre alles wieder „normal". Aber wenn er mit seiner Tochter Daniela in Chicago telefonieren durfte, strahlte er übers ganze Gesicht und war selig.

Meine Mutter und Justin waren jedes Wochenende mit dabei in Wangen; Justins schulische Leistungen blieben dabei leider auf der Strecke, und das ausgerechnet im Jahr der Abschlussprüfung! Außerdem konnte Justin seit Monaten nicht mehr richtig schlafen. Wenn er die Augen schloss, sah er seinen Vater im Todeskampf vor sich. Sein Lehrer meinte, dass das nach einem halben Jahr ja wohl überwunden sein sollte und keine Entschuldigung für schlechte Noten darstellte! Vermutlich dachte der Gute wie zunächst auch wir selbst, dass es nach dem überstandenen Herzinfarkt nun darum ging, gesünder zu leben, die Ernährung umzustellen, den Cholesterinspiegel zu senken und Spaziergänge an der frischen Luft zu machen. Mit welchen Herausforderungen wir und vor allem Gerd selber tagtäglich zu kämpfen hatten, konnte sich bis heute niemand vorstellen.

Währenddessen kümmerten sich die Pflegekräfte alle rührend um Gerd, damit er wieder eine gewisse Selbständigkeit erreichen sollte. Mit einer Engelsgeduld wollten sie ihn dazu bewegen, sich selber zu rasieren, legten ihm zu diesem Zweck immer wieder den Rasierer richtig in die rechte Hand, damit er ein paar Striche damit tun konnte. Wenn er eine Bewegung unter Anleitung ein, zwei Mal gemacht hatte, konnte er sie auch fortführen. Aber dann stand er wieder völlig hilflos vor dem Spiegel und wollte den Rasierer ablegen, ohne zu wissen, wie und wo. Das bedeutete, das Muskelgedächtnis funktionierte sehr wohl, aber sein Gehirn konnte die Informationen einfach nicht richtig verarbeiten.

Eine bestimmte Pflegekraft rieb ihm jeden Abend die Fußsohlen mit einem Heilöl ein und sang mit ihm indianische Mantras und Heillieder. An den Abenden, an denen sie Nachtdienst hatte, konnte ich immer ganz beruhigt nach Hause fahren im Wissen, dass Gerd eine gute Nachtruhe finden würde und aufs Allerbeste betreut war.

Obwohl Gerd im Allgäu so liebevoll versorgt wurde, drängte ich dennoch darauf, dass er so schnell wie möglich in eine Rehaklinik an den Bodensee verlegt wurde, weil diese Einrichtung in Sachen Rehabilitationsmaßnahmen und Wiedereingliederung in den Alltag einen sehr guten Ruf hatte. Und so nahm ich mit der Klinikleitung Kontakt auf und ließ nichts unversucht, seine Verlegung voranzutreiben.

25. 01. 2012–23. 03. 2012: Bodenseeklinik

Ende Januar 2012 war es dann so weit. Meine Schwester Beate und ich holten Gerd morgens in Wangen ab, packten seine Sachen zusammen und begleiteten ihn zum Ausgang. Im Treppenhaus begann Gerd zu weinen. Das kam für mich völlig unerwartet, damit konnte ich zunächst überhaupt nicht umgehen und versuchte daher, ihn zu beschwichtigen. „Sieh mal, Gerd, so weit bist du gekommen, so viel hast du schon geschafft. Du kannst auf deinen eigenen Beinen diese Klinik verlassen, dich ohne fremde Hilfe in unser Auto setzen! Als du vor zehn Wochen hierhergekommen bist, warst du noch im Koma, niemand wusste, ob du je wieder aufwachen würdest!" „Ja. Ja, genau!", sagte Gerd und betrat schließlich den Fahrstuhl, der uns nach unten zum Ausgang der Klinik brachte. Später erst habe ich gelernt, dass „mit den Tränen das Eis abfließt, welches sich zum Schutz um ein gebrochenes Herz" gelegt hatte, und dass man niemals versuchen sollte, Tränen zu unterdrücken oder zurückzuhalten. Nur so konnte das Herz sich endlich befreien, endlich wieder atmen, wieder fühlen! Mit den vielen anderen Einschränkungen, mit denen Gerd inzwischen zu kämpfen hatte, hervorgerufen durch den Sauerstoffmangel, der sein Gehirn geschädigt hatte, hatten wir den ursprünglichen Auslöser, nämlich den Herzinfarkt, schon fast vergessen. Jetzt endlich meldete sich das Herz zurück und tat seinerseits einen ganz wichtigen Schritt zu seiner Heilung von dem ganzen Leid und Kummer!

Es war ein herrlicher warmer Vorfrühlingstag Ende Januar, und wir fuhren guter Dinge vom Allgäu an den Bodensee im Vertrauen, dass nun ein weiterer wichtiger Abschnitt begann.

Dort kam allerdings das große Erwachen: Gerd wurde nicht etwa in der viel gelobten und gepriesenen Reha-Abteilung untergebracht, sondern in der geschlossenen Abteilung für psychisch

Kranke! Damit hatte ich nicht gerechnet, wusste gar nicht, dass dies überhaupt eine Option sein könnte, und war durch diesen Schock bis ins Mark erschüttert.

Im zweiten Stock des Klinikgebäudes musste an einer Tür geklingelt werden, die dann von einem Mitarbeiter geöffnet wurde. Am Ende eines langen Ganges befand sich der Aufenthaltsraum, welcher hell und zweckmäßig eingerichtet war. Der traumhafte Blick über den Bodensee, der friedlich in der Frühlingssonne glänzte, stimmte versöhnlich. Leider konnte Gerd diesen Aussicht nicht genießen, da er ihn ja nicht sehen konnte.

Außerdem war mir nicht klar gewesen, mit wie vielen anderen Patienten Gerd hier konfrontiert war. Wie sollte er sich in einer Gruppe Menschen zurechtfinden, die er nicht kannte und nicht sehen konnte? In seiner stark eingeschränkten Wahrnehmung war er völlig schutzlos! Wie sollte ich nach Hause fahren und ihn hier ruhigen Gewissens allein zurücklassen?

Sein Zimmer teilte Gerd mit einem anderen Patienten, einem jungen Mann, der kaum redete, aber offenbar ganz gut zurechtkam.

Zwei Betten standen nebeneinander seitlich an der Wand, ein kleines Tischchen und zwei Einbauschränke machten die karge Einrichtung aus. Die Schränke waren abgeschlossen! Um also Gerds Kleidung und Wäsche einräumen zu können, musste ich jedes Mal erst eine Pflegekraft bitten, die Tür aufzuschließen!

Glücklicherweise nahm sich alsbald ein junger Mitarbeiter seiner an. Ihm gelang es, ein vernünftiges Gespräch mit Gerd zu führen, indem er ihn nach seinem Beruf fragte. Schnell waren die beiden in eine Unterhaltung über Länder, Menschen und Reisen verstrickt, sodass meine Bestürzung sich erst einmal beruhigen konnte, die Angst aber blieb.

Nach wie vor hatte ich das Gefühl, Gerd verraten zu haben, als Beate und ich die geschlossene Abteilung verließen und er hinter der Glastür zurückblieb. Die Hand zum Gruß erhoben versuchte er tapfer zu lächeln. Mein Herz brach ein weiteres Mal bei diesem Anblick. Wie oft konnte ein Herz eigentlich brechen, bevor der Mensch daran starb? Wie betäubt fuhr ich nach Hause und versuchte mir einzureden, das Richtige getan, in Gerds bestem Interesse gehandelt zu haben. Aber warum fühlte es sich dann so schrecklich an? Meine Schwester saß ganz still und bedrückt auf dem Beifahrersitz. Sie hätte Gerd am liebsten direkt mit nach Hause genommen.

Am nächsten Tag schrieb ich diesen Brief an die Ärztin, die Gerd in Allensbach aufgenommen und untersucht hatte:

Sehr geehrte Frau Dr. Gut,
zunächst vielen Dank für die freundliche Aufnahme, die Sie meinem Mann und mir gestern bereitet haben.
Was mir gestern noch aufgefallen ist, ist, dass mein Mann total verschoben wirkt, also eine Schulter deutlich höher ist als die andere und er beim Gehen nicht beide Füße gleichmäßig belastet, sondern mit einem Fuß nur auf dem Ballen auftritt. Außerdem klingt seine Sprache ganz verwaschen, die war sonst immer sehr deutlich. Hat er womöglich einen leichten Schlaganfall erlitten??
Ich habe noch eine Menge Papierkram zu erledigen, möchte Ihnen aber vorab die mir vorliegenden Arztberichte überlassen.
Der Bericht von der Intensivklinik liegt mir nicht vor, vielleicht wollen Sie diesen direkt anfordern? Sie baten mich um einen kurzen Lebenslauf, damit Sie Ihren Patienten besser kennenlernen und sich mit ihm über Themen unterhalten können, die ihn interessieren könnten.
Lebenslauf Gerd Kähler
49 Jahre alt
Verheiratet seit 25 Jahren mit Karla Kähler, ebenfalls 49 Jahre
2 Kinder
Daniela, 23 Jahre, derzeit in Chicago, hat ihren Vater noch nicht wiedergesehen, seit er aus dem Koma erwacht ist. Telefoniert aber regelmäßig mit ihm.
Justin, 16 Jahre, macht gerade die mittlere Reife.
Er war zugegen, als der Herzinfarkt auftrat, hat den Notarzt verständigt und selbst aktiv Erste Hilfe geleistet. Der Notarzt sagte später, dass er damit seinem Vater das Leben gerettet habe.
Gerd ist seit zwanzig Jahren als Projektmanager im In- und Ausland unterwegs, um komplexe Maschinenanlagen in Betrieb zu nehmen. Dazu gehört vor allem die Kooperation mit dem Auftraggeber und allen

Mitlieferanten, die Versorgung der neuen Produktionshallen mit Wasser, Strom, optimalen Arbeitsbedingungen und schlussendlich die Schulung und Unterweisung der Arbeitnehmer vor Ort. Deshalb war er oft monatelang von zu Hause weg. Auf seinen Reisen hat er alles Mögliche unternommen, um Land und Leute kennenzulernen. Er war immer ein sehr aktiver Mensch und somit als „Macher" geschätzt und gefürchtet gleichermaßen. Nun darf er wohl die andere Seite kennenlernen. ☺
In seiner Freizeit wandert er gern oder spielt Fußball, trainiert seit kurzem auch die Jugendmannschaft.

Als ich am nächsten Tag wieder in die Rehaklinik kam, hatte man Gerd Windeln angezogen. Er sei nicht in der Lage, die Toilette aufzusuchen, wurde mir lapidar entgegnet, als ich den Chef der Pflegemannschaft darauf ansprach. Oh doch, das war er sehr wohl, nur musste ihm halt jemand den Weg dahin zeigen, denn allein konnte er den nicht finden. Dazu fehlte ihm in der neuen und fremden Umgebung die Orientierung. In der Allgäuer Klinik war Gerd immer in Freizeitkleidung oder Schlafanzug gekleidet, aber niemals hatte man Windeln benutzt. Mit dieser neuen Situation kam ich überhaupt nicht zurecht. Der Gang zur Toilette gehörte in meinem Empfinden zur Menschenwürde. Immer wieder führte ich Diskussionen mit der Pflegeleitung darüber, ohne Erfolg, denn immer wieder fand ich Gerd in Windeln vor. Ein erbärmlicher Anblick. Ich konnte nur hoffen, dass ihm diese Erniedrigung selber nicht bewusst war. Aber weit gefehlt. Einmal trug er sogar zwei Stück übereinander. „Doppelter Schutz", versuchte er sich bei mir zu entschuldigen. So hatte man es ihm wohl erklärt. Vermutlich war ihm ein Abführmittel verabreicht worden, damit es nun dieser „doppelten Schutzmaßnahme" bedurfte.

Er litt schrecklich unter dieser Hilflosigkeit, die für ihn gleichermaßen eine Demütigung und Entmündigung bedeutete. Für Gerd, der auf Körperpflege immer größten Wert gelegt hatte und niemals in Jogginghosen anzutreffen gewesen war, oder womöglich in Räuberzivil am Samstagmorgen zum Bäcker gegangen wäre, muss dies eine Pein gewesen sein!

Und immer wieder machte er sich Gedanken, wie es weitergehen sollte. Sein besonderes Herzensanliegen war nach wie vor, dass Justin nicht unter der Situation leiden sollte. Wie meinte er das genau? Jedenfalls wiederholte er diese Aussage immer wieder: „Justin darf nicht darunter leiden, dass ich jetzt so bin."

Da er immer noch die Magensonde hatte, obwohl er schon seit einiger Zeit an den gemeinsamen Mahlzeiten im Speisesaal teilnahm, wurde ich eines Tages unter der Woche in die Klinik zitiert. Ich sollte Gerd ins städtische Krankenhaus nach Konstanz begleiten, wo die Sonde entfernt wurde. Ich traute mir die Fahrt mit ihm allein im Pkw nicht zu, weil es um meine Nerven inzwischen sehr schlecht stand, und bat um einen Krankenwagen. Dieser konnte allerdings nicht warten, bis der Eingriff gemacht war, und so verbrachten Gerd und ich einen ganzen Tag im Krankenhaus, wo wir zunächst auf die Behandlung warten mussten, und als diese bei lokaler Betäubung überstanden war, dann wieder auf einen Krankenwagen, der Gerd zurück in die Klinik bringen sollte. Es wäre sicher besser gewesen, wenn er nach dem Eingriff direkt hätte liegen und ausruhen können, denn immerhin hatte er nun ein Loch in seiner Körpermitte, das nur notdürftig abgeklebt worden war. Aber tatsächlich musste er sich genau wie ich auf einen Stuhl setzen und auf dem Flur warten, bis die Sanitäter zurückkamen. Erst spät am Nachmittag wurde er im Wagen auf einen Sitz geschnallt, und die Rückfahrt begann. Leider war sein Sitz nur noch durch zwei Bolzen mit dem Boden des Krankenwagens verbunden anstatt mit ursprünglich vier Stück und schlingerte deshalb in jeder Kurve hin und her!

Für Gerd in seiner eingeschränkten Wahrnehmung und nach der Aufregung des überstandenen Eingriffs ein grauenvoller Zustand! Also versuchte ich, von meinem hinteren Sitzplatz aus, Gerds Lehne mit beiden Händen festzuhalten, damit er nicht mitsamt Sitz umkippte. Ein Wunder, dass seine Wunde von der Magensonde sich nicht entzündete nach dem langen Warten auf einem Flur im Krankenhaus und der gefährlichen Fahrt mit dem Krankenwagen! Aber auch hier hielt Gerds Schutzengel seine schützende Hand über ihn.

Oft erreichten mich frühmorgens auf dem Weg zur Arbeit schon Anrufe von der behandelnden Ärztin. Gerd habe eine unruhige Nacht gehabt, hieß es dann meist. Er weine viel und sei abwechselnd depressiv oder aggressiv. Ob das in der vorherigen Klinik auch schon der Fall gewesen sei, wollte sie von mir wissen? Und wie man dort damit umgegangen sei? Auf der einen Seite freute ich mich, dass die Ärztin den engen Kontakt mit mir suchte, aber wie sollte ich ihre Fragen beantworten? Ich war nur eine ganz normale Ehefrau, die zum ersten Mal mit einer solchen Situation konfrontiert wurde und keine ausgebildete Psychologin! Warum rief sie nicht direkt in der Allgäuer Klinik an und führte ein fachliches Gespräch mit den Kollegen dort? Und warum um alles in der Welt brachte ich es nicht fertig, dies ihr genauso zu sagen?

Einmal hatte ich gerade unterwegs bei einer Bäckerei angehalten, um mir Frühstück zu kaufen. Ich wollte nicht, dass die anderen Kunden im Laden das Gespräch mithören konnten, und ging nach draußen. Schneeregen fiel vom Himmel, meine Vespertüte weichte auf, und das Brötchen plumpste auf meine Füße, während ich verzweifelt versuchte, gemeinsam mit der Ärztin eine Lösung zu finden. Ich wusste aber keinen Rat, sondern war mit der ganzen Situation restlos überfordert. Mein erster Impuls war immer gewesen, stehenden Fußes umzudrehen und zu Gerd zu fahren, ihn in den Arm zu nehmen, ihm beizustehen, versuchen ihn zu beruhigen und zu trösten. Aber wie lange würde das gut gehen? Was, wenn es am nächsten Tag wieder so wäre? Ich fuhr ohnehin jeden Tag nach der Arbeit zur Bodenseeklinik, damit ich wenigstens bei ihm sein konnte, wenn er sein Abendessen einnahm.

Wieder einmal saßen wir gemeinsam an einem kleinen Tisch. Er hatte sein Essenstablett vor sich und aß. Während ich eines der Brote für ihn belegte, fragte er: „Und du? Willst du nichts essen?" Nein, für mich war kein Tablett da. Er zeigte sich total betroffen, als er das hörte, und wollte unvermittelt seine zweite Brotscheibe mit mir teilen.

Als er später im Bett lag, das Licht ausgeschaltet und die Tür abgeschlossen werden sollte, sagte er ernst: „Ich will aber nicht, dass du gehst!" Schließlich fand er sich dann doch noch damit ab. Aber wie lange konnte ich das emotional noch durchhalten? Ich wurde von der Situation zerrissen. Ich wollte für ihn da sein, musste aber mein eigenes Leben, so gut es ging, fortsetzen. Außerdem wäre die Belastung, ausschließlich „24/7" für ihn da zu sein, einfach zu viel gewesen. Hier waren sich die Ärzte und die Pfleger einig. Wenn man jemanden in Vollzeit pflegte, war dies auf lange Sicht nur möglich, wenn man emotional nicht zu stark verbunden war.

Wann immer es möglich war, wollten wir bei unseren Besuchen die geschlossene Abteilung verlassen. Dabei kamen wir zu Beginn nicht viel weiter als ins Erdgeschoß, wo im Durchgangsbereich ein paar Sitzmöbel standen. Wir setzten uns auf eine Couch, und nach wenigen Minuten legte Gerd seinen Kopf auf meinen Schoß und schlief tief und fest. Anfangs war mir das unangenehm, weil hier doch viele Besucher vorbeikamen. Aber irgendwann konnte ich damit umgehen und freute mich, dass Gerd hier tatsächlich richtig zur Ruhe kam. Er schlief so friedlich, dass ich sicher sein konnte, ihn verfolgten keine Angstträume oder Psychosen, und am liebsten hätte ich ihn ewig so festgehalten und uns beide damit in einer Illusion von Sicherheit gewähnt.

Das Positive war, dass Gerd nach einer Weile jedes zweite Wochenende zu Hause verbringen durfte. Wenn ich ihn Samstagfrüh abholte, traf ich ihn meist im Aufenthaltsraum vor einem schön gedeckten Frühstückstisch an. Eine Pflegekraft hatte ihm einen Kaffee und ein Brötchen mit Butter und Nutella zurechtgemacht, jedoch standen die leckeren Sachen unberührt auf dem Tisch, während Gerd in höchster Verzweiflung davorsaß. Er wusste nicht, wo er war, er wusste nicht, dass Essen vor ihm stand, aber er wusste genau, wer er war und dass er nach Hause wollte!

Als ich ihn begrüßte, sagte er: „Gott sei Dank bist du da!" Und begann sofort zu weinen. Um ihn abzulenken, sagte ich dann: „Du hast ja dein Frühstück noch gar nicht angerührt. Hast du denn gar keinen Hunger?" „Hab ich was zu essen?", war darauf seine ehrlich erstaunte Gegenfrage.

Als wir das erste Mal zu Hause angekommen waren, konnte ich unser Glück kaum fassen. Ich war mir so sicher, dass bei Gerd jetzt die Erinnerung einfach zurückkommen musste! Wenn er erst in seiner vertrauten Umgebung war, würde ihm sicher alles wieder einfallen. Die Möglichkeit, dass er ebenso in einen Schockzustand fallen konnte, verdrängte ich, so gut es ging.

Ich hatte das Auto in unserer Straße geparkt und öffnete nun erwartungsfroh die Beifahrertür, damit Gerd aussteigen konnte. Dazu benötigte er keinerlei fremde Hilfe! Zunächst standen wir eine Weile vor dem Haus, genau da, wo wir uns am 31. 07. 2011 alle vier verabschiedet hatten, bevor Gerd und ich Daniela zum Flughafen brachten.

Dann gingen wir durch die Haustür, stiegen vorsichtig die Treppe hinauf und traten in die Küche. Jetzt! Jetzt musste doch etwas passieren! Gerd spürte vermutlich meine Anspannung und ging langsam im Raum hin und her. Vom Fenster zum Tisch und wieder zurück. Aber nichts geschah. „Hier wohnen wir?", fragte er nur einsilbig und eher ungläubig. Er kannte sich überhaupt nicht mehr aus in der Wohnung. Zunächst suchte ich eine Erklärung darin, dass wir vor Kurzem erst renoviert und ein bisschen umgebaut hatten. Vielleicht würde er sich ja an die alte Küche besser erinnern? Aber irgendwann musste ich einsehen, dass er hier einfach fremd war.

Vermutlich hatte auch Gerd große Erwartungen an seine Rückkehr nach Hause geknüpft. Schließlich war ja nach wie vor sein größter Wunsch, dass er sein altes Leben wieder aufnehmen konnte. Aber der Wochenendaufenthalt zu Hause brachte ihn leider nicht weiter oder zumindest seinem Ziel nicht näher. Stattdessen wirkte er entmutigt und enttäuscht. Und die Fahrt am Sonntagnachmittag zurück in die Klinik wurde jedes Mal noch deprimierender. Zum einen, weil der Aufenthalt zu Hause nicht den erhofften Durchbruch gebracht hatte, zum anderen bedingt durch das Wissen, dass Gerd nun wieder mehr oder weniger auf sich allein gestellt zurechtkommen musste und mit Patienten und Pflegern konfrontiert war, die ihm fremd waren. Wenn er zum Beispiel jemanden um etwas zu trinken bitten wollte, wusste er nie, ob es sich bei der Person um einen Pfleger oder um einen anderen Patienten handelte, und so konnte es sein, dass er unfreundliche oder gar keine Antworten auf seine Bitte erhielt, was ihn natürlich verunsicherte und dazu führte, dass er den Kontakt mit den Mitbewohnern am liebsten ganz vermied. Fortschritte in seiner Entwicklung konnte ich kaum mehr feststellen, dabei war er doch an den Bodensee gekommen, um eine Wiedereingliederung in einen normalen Tagesablauf anzustreben.

Also war mal wieder Eigeninitiative gefragt. Ab sofort führte unser erster Weg am klinikfreien Wochenende immer zuallererst zu einem Heiler namens Werner Joos. Werner führte christliche Heilungen durch, indem er Zugang zur Seele eines Menschen fand. Ich bin überzeugt, dass eine solche Heilung mein eigenes Leben gerettet hat, denn zu der Zeit war ich völlig mit der Situation überfordert gewesen. Ich hatte es mir zur Aufgabe gemacht, Gerd in sein Leben zurückzuführen, und fühlte mich persönlich für alles verantwortlich, womit er konfrontiert wurde. Immer noch hoffte ich auf eine Spontanheilung bei Gerd und gleichzeitig erlebte ich immer wieder herbe Enttäuschungen, wenn ich mit ansehen musste, wie Gerd sich mühte und wie klein die Fortschritte und wie groß die Rückschläge immer wieder waren. Werner schaffte es, mein Leiden von Gerds Leiden zu einem gewissen Grad zu trennen, und so konnte ich wieder etwas objektiver an die Sache herangehen und mich für sein Wohlergehen einsetzen, ohne selbst daran zu Grunde zu gehen.

Wir legten die Wege zur Behandlung stets zu Fuß zurück und kauften auf dem Heimweg beim Bäcker und beim Metzger unsere Lebensmittel fürs Wochenende ein. Am Ort freuten sich alle immer riesig, Gerd zu sehen, und sprachen ihm Mut zu, weiterzukämpfen und nicht aufzugeben. Anfangs war Gerd auf diese kurzen Gespräche immer ganz erpicht. Weil er die Leute optisch nicht erkennen konnte, fragte er immer direkt nach: „Wer bist du?" Das führte natürlich oft zu Verwunderung, denn die Leute kannten Gerd alle sehr gut und konnten gar nicht begreifen, wie er nun vor ihnen stehen konnte, sie aber nicht erkannte. Sicher, er war recht dünn geworden, aber ansonsten war ihm optisch nicht allzu viel anzusehen von seiner Krankheit.

Am Sonntag waren wir dann regelmäßig bei einer sehr guten Physiotherapeutin, die bereit war, ihre wenige Freizeit zu opfern, um mit Gerd Koordinationsübungen durchzuführen und BowTech (manuelle Muskel- und Bindegewebstechnik) anzuwenden, um die Spastik in seiner linken Körperhälfte zu reduzieren und einen sicheren Gang zu erwirken. Dafür war ich immer ganz besonders dankbar, zumal ich mich mit ihr auch über unsere Situation unterhalten konnte. Sie genoss unser vollstes Vertrauen und schenkte uns so viel Kraft und Stärke.

Da es noch früh im Jahr war, war es immer schon dunkel, wenn wir am späten Nachmittag zurückfuhren in die Klinik. Gerd sprach dann kaum ein Wort, und ich war froh darüber, denn ich wusste nicht, wie ich ihm den Umstand hätte erklären sollen, dass er nun wieder zurück in die Reha musste, während ich nach Hause fuhr. So unsinnig das klingt, kam es mir immer noch wie ein Verrat an ihm vor, und ich musste mir immer wieder vor Augen führen, dass er krank war und Hilfe brauchte und ich gesund und für mein eigenes Leben verantwortlich war. Und wie ich so meinen Gedanken nachhing, sagte er plötzlich: „Brutal! Woher weißt du eigentlich, wohin du fahren musst? Woher kennst du diesen Weg?" Ja, das war wirklich „brutal". In den letzten fünfundzwanzig Jahren war immer er derjenige, der den Weg kannte. Er gab die Richtung vor, auch im übertragenen Sinn. Zum einen war er mit einem hervorragenden Orientierungssinn gesegnet, zum anderen bestimmte er, wo es für uns als Familie hinging. Und nun war er plötzlich hilflos. Er konnte kaum sehen, er konnte nicht mehr Auto fahren und musste sich zu hundert Prozent auf mich verlassen.

Aber er gab sich nicht geschlagen. Schon früher hatte er sich nie geschont, und auch jetzt war er nicht bereit, einfach aufzugeben. Und so versuchte er, die Orientierung zurückzuerlangen. Immer wieder fragte er: „Wo sind wir jetzt? Was ist das für eine Ortschaft?" Und bei der nächsten Fahrt fragte er dann schon: „Das ist Neuhausen, oder?" Oder immer an der gleichen Kreuzung:

„Hier geht's zur Oma!" Die Stelle, wo er als Bub mit seinen Eltern abgebogen war, um die Oma zu besuchen, identifizierte er immer ganz sicher, obwohl dies eine unscheinbare Abfahrt war, die eine Bundesstraße kreuzte, und etliche Menschen hier sicher vorbeifuhren, ohne überhaupt von der Einmündung Notiz zu nehmen. Aber Gerd konnte sie immer ganz exakt benennen!

Zurück in der Reha war Gerd dann wieder einer unter vielen, und ich bin mir ziemlich sicher, dass er selbst so gut wie nie wusste, mit wem er es gerade zu tun hatte. Ob es sich um eine Pflegekraft handelte, einen anderen Patienten, einen Arzt oder einen Besucher? Aber seine eigene Identität hatte er deshalb noch lange nicht aufgegeben. Einmal hatte sich eine Therapeutin vertan und ihn mit dem falschen Namen angesprochen. Er widersprach auf das Heftigste und schrie immer wieder in tiefer Verzweiflung: „Ich bin Gerd Kähler, mein Name ist Gerd Kähler!" Trotz aller Desorientierung und Hilflosigkeit versuchte sein ICH immer noch verzweifelt, ins Leben zurückzufinden.

Eine der Pflegerinnen hatte eine ähnliche Stimme wie meine jüngste Schwester. Und jedes Mal wenn Gerd diese Stimme hörte, glaubte er Sigi in der Nähe und rief nach ihr. Weil die Schwester aber nie auf sein Rufen reagierte, wurde er wütend, bis er mir irgendwann sagte: „Die Sigi will gar nichts mehr von mir wissen. Sie tut, als ob sie mich nicht kennen würde." Als ich ihm erklärte, das sei nicht Sigi, sondern eine Pflegekraft hier, wollte er mir nicht glauben. Schließlich kenne er seine Schwägerin! Und als Sigi ihn eines Tages in der Klinik besuchte, sprach er tatsächlich kein einziges Wort mit ihr! Wie war das möglich? Wie konnte er einerseits vergessen, dass er im Krankenhaus war, aber sich daran erinnern, dass „Sigi" so tat, als würde sie ihn nicht kennen? Das menschliche Gehirn hatte wirklich seine eigenen großen Geheimnisse.

Währenddessen beneidete ich alle Patienten auf der Station, die in Alltagskleidung unterwegs waren und keinen Jogginganzug anhatten. Denn das war für mich ein sicheres Zeichen, dass bei allem Leid, das diese Menschen erduldeten, sie zumindest in der Lage waren, sich selber anzukleiden, und sich einigermaßen im Alltag zurechtfanden.

Normalerweise wurde ich von der Pflegekraft, die mir die Tür zur geschlossenen Abteilung öffnete, immer mit den Worten begrüßt: „Sie werden schon sehnlichst erwartet!" Und dann wusste ich, dass ein verzweifelter Gerd hinten im Flur stand, und jedes Mal wenn die Tür vorne sich öffnete, hoffte, dass der Besuch für ihn war und ihn jemand mit nach Hause nahm. Er setzte sich nicht in den Aufenthaltsraum zu den anderen Patienten, er sprach mit niemandem, er stand ganz allein da, aufrecht wie ein Soldat, und wartete darauf, dass die Tür sich irgendwann wieder für ihn auftat.

Eines Nachmittags allerdings wurde ich von einer Schwester angeschnauzt, weil Gerd nicht genügend Anziehsachen da habe. „Wenn er sich nass macht, haben wir nichts zum Wechseln!", rief sie laut vor allen anderen und in Gerds Anwesenheit! „Das habe ich auch schon ihrem Sohn gesagt! Hat er Ihnen das etwa nicht ausgerichtet?!" Ich war mir aber ganz sicher, dass nichts von seinen Reha-Anziehsachen zu Hause zum Waschen war, also musste alles hier sein. Schließlich nahm ich regelmäßig die Sachen mit und brachte sie spätestens zum übernächsten Besuch wieder zurück. Ich traute meinen Augen kaum, als ich just in dem Moment einen Mann in Gerds Adidas-Jogginghose vorbeilaufen sah, und machte die Schwester darauf aufmerksam. „Ja, haben Sie die Sachen denn nicht gekennzeichnet?", warf sie mir nun vor. Nein, die Mühe hatte ich mir nicht gemacht. Schließlich fiel es mir schwer genug, die abgeschlossenen Schränke in den Krankenzimmern zu akzeptieren, sowie die Tatsache, dass Gerd sich nicht selber anziehen konnte, sondern Hilfe von einer Pflegekraft brauchte. Also wozu sollte ich da seine Sachen noch extra etikettieren? Gleichzeitig bezweifelte ich in dem Moment, dass der andere Patient sich erst die Mühe machte, die eingenähten Namensschildchen zu lesen, bevor er sich an Gerds Sachen bediente. Wie auch immer das möglich gewesen war. Nach und nach tauchten auch seine übrigen Sachen in den Zimmern anderer Patienten auf. Eine Jacke blieb allerdings bis zuletzt verschollen.

Am schwersten jedoch fiel immer der Abschied. Solange ich da war, hatte ich das Gefühl, Gerd behüten zu können, ihm beizustehen. Aber ich musste ja irgendwann auch wieder die Klinik verlassen. „Ich möchte aber nicht, dass du gehst", sagte er wieder einmal, als er schon im abgedunkelten Zimmer im Bett lag, während ich noch seine Wäsche zusammenpackte. Es war ihm bewusst, dass er nachts nicht allein die Toilette finden würde, wenn es nötig wäre, und er fürchtete sich davor. Die logische Konsequenz war für ihn, dass er sich beim Trinken einschränkte, was natürlich für seinen gesundheitlichen Zustand nicht förderlich war. Denn bei Flüssigkeitsmangel konnte das Gehirn deutlich weniger gut arbeiten, und außerdem brauchten seine Organe vermehrt Flüssigkeit, um die Giftstoffe der vielen Medikamente, die er einnehmen musste, abzubauen und auszuscheiden. Aber diese Argumente ließ Gerd nicht gelten. Für ihn war die Schmach schlimmer, wenn seine Hosen nass geworden waren, weil er die Toilette nicht allein gefunden hatte.

Einen weiteren Tiefpunkt erlebten wir am *Schmotzigen Donnerstag*. Ich hatte mir den Tag freigenommen und war zu Gerd gefahren. Dort musste ich mitansehen, wie alle Patienten auf der geschlossenen Abteilung geschminkt und mit Faschingshüten ausgestattet wurden. So sollte die ganze Gruppe am Karneval teilnehmen, der im unteren Stockwerk von den Mitarbeitern liebevoll aufgebaut worden war. Improvisierte Schanktheken offerierten Leckereien und Punsch, Stände mit Wurfspielen und andere lustige Stationen luden zum Verweilen ein. Das war sicher alles sehr gut gemeint, aber für mich konnte da keine Freude aufkommen. Für die geistig behinderten Menschen war es sicher ein Spaß, sich zu verkleiden und Wurfspiele zu machen, aber für Gerd war es eine weitere Demütigung. Sein Geist war klar, aber sein Aufmerksamkeitsdefizit und seine Wahrnehmungsstörungen machten ihm zu schaffen. Wenn er einen Ball in der Hand hielt, wusste er nicht, dass er damit werfen sollte, weil seine Hand nicht erkannte, dass es ein Ball war, den er da festhielt. Wenn er dann darauf angesprochen wurde, dass er einen Ball in der Hand halte, konnte er diesen jedoch mit großer Kraft gezielt werfen. Nur war es sehr umständlich, dies immer jedem aufs Neue zu beschreiben und zu erklären. Wozu auch? Damit dessen Neugierde befriedigt war? Gerd war damit nicht geholfen, sondern für ihn musste es jedes Mal wie eine Entschuldigung klingen für seinen eingeschränkten Zustand. Und wofür musste er sich bitte schön entschuldigen?

Ich musste mich zusammenreißen, bei seinem Anblick nicht in Tränen auszubrechen. Seine klaren blauen Augen blickten völlig verstört unter der Jeckenkappe hervor. Und so war ich froh, dass ich mit ihm allein und ohne die Patientengruppe die Stationen durchwandern konnte. Wir nahmen uns einen Crèpes und ein Getränk und zogen uns zurück an ein ruhiges Plätzchen hinter den Ständen, dort wo der Trubel nicht so heftig war. Denn auch ein hoher Geräuschpegel flößte Gerd Angst ein. Er hörte das bunte Treiben, spürte die energiegeladene Atmosphäre, konnte es aber nicht richtig einordnen. Logisch, dass ihm das zusetzte. Ich frage mich noch heute, wo er immer wieder den Mut hernahm, sich trotz allem solchen Situationen zu stellen. Ich würde mich in dieser Lage ganz bestimmt lieber verstecken oder die Flucht ergreifen, anstatt mich ins Getümmel zu stürzen!

Etwas Gutes hatte der Karneval aber doch noch: In den Aufenthaltsräumen waren zur Dekoration bunte Girlanden gespannt, und als ich mit Gerd durch den Raum ging, konnte ich beobachten, wie er sich ein bisschen duckte, um nicht mit dem Kopf anzustoßen! Eine Riesenfreude überkam mich: Gerd konnte also doch etwas sehen! Er war nicht komplett blind! Auch stolperte er so gut wie nie über ein Hindernis, sondern ging z. B. um einen Stuhl, der im Weg stand, herum. Darauf konnten wir aufbauen, und als ich seinen Ärzten von meiner Beobachtung erzählte, wurden ab sofort in der Reha verstärkt Koordinationsübungen eingebaut, indem er z. B. einen Luftballon balancieren sollte. Dinge, die in Bewegung waren, konnte er erkennen, wenn ihm also ein Ball zugeworfen wurde, konnte er diesen fangen. Stehende Gegenstände konnte er nicht erkennen, aber manchmal erraten, zum Beispiel eine Flasche Limo am prägnanten roten Cola-Aufkleber. Im Laufe der Zeit lernte ich, dass Menschen während der Evolution die Farbe Rot als allererstes erkennen konnten, die Farbe Blau dagegen als letztes. Somit macht es auch Sinn, dass ein Feuerlöscher rot ist. Wenn ein Mensch in Panik Rettung sucht, sieht er den Feuerlöscher auch dann, wenn er buchstäblich vor Angst blind ist! Ein Baby sieht zuerst alles schwarz-weiß, die Farben kommen später, und auch hier Rot zuerst. Offensichtlich war das bei Gerd jetzt auch wieder so. Also konnten wir vielleicht daraus schließen, dass er momentan alles auf dem Kopf sah? Denn Babys sehen ja auch erst verkehrt herum, bevor das Gehirn lernt, das Bild umzudrehen. Solche Fragen haben Gerds Therapeuten mit mir zu erörtern versucht, ohne dass sie darauf selber eine konkrete Antwort gehabt hätten. Ob das alles Gerd in seiner Entwicklung wirklich weiterbrachte, war fraglich. Eigentlich waren das eher Versuche seiner Ärzte und Therapeuten, sich Gerds komplexe Einschränkungen zu erklären. Sie lernten an Gerds Fall fast täglich Neues dazu.

Immer wieder konnte Gerd seine Trainer auch verblüffen. Ich hatte mich der Ärztin gegenüber gewundert, warum Gerd so wenig Physiotherapie bekäme. Die Antwort war, dass er damit überfordert wäre. Also wurde ich einmal zu einer Physiotherapie-Einheit eingeladen, um den Beweis dafür zu erbringen. Gerd wurde aufgefordert, sich auf den Boden zu legen, und sollte dann Schritt für Schritt aufstehen, so wie die Therapeutin es ihm sagen würde. Ich fand das fast schon gemein und fürchtete, dass Gerd einmal mehr vorgeführt werden sollte. Stattdessen legte er sich vorsichtig auf den Boden des Gymnastikraumes, indem er erst auf die Knie ging und dann über einen Arm abrollte.

Als er aufgefordert wurde, sich wieder aufzurichten, fragte er nur: „So?", bevor er sich dann mühelos zur Seite rollte, sich über Knie und Hände aufrichtete und kerzengerade im Gymnastikraum stand, noch bevor ihm jemand vorgesagt hatte, was er im Einzelnen tun sollte! Das verblüffte Gesicht der Physiotherapeutin werde ich nie vergessen. Gerd hatte mal eben gleich zu Beginn das Ziel der nächsten zwei bis drei Sitzungen vorgeführt! Ja, er war halt immer ein sportlicher, agiler Mann gewesen, der nicht lang fragte, sondern handelte. Körperliche und geistige Fitness gingen bei ihm Hand in Hand, und sein Gehirn hatte ganz offensichtlich die essenziellen Funktionen noch abgespeichert. Und dass das Muskelgedächtnis immer noch bestens funktionierte, das konnten wir ja schon im Allgäu erkennen, als er sich unmittelbar nach dem Koma selbst aufrichtete oder genüsslich den Joghurt verspeiste, den der Arzt für ihn löffelte, obwohl er seit einem Vierteljahr keine feste Nahrung mehr zu sich genommen hatte! Gerd war ein Phänomen. Das stand völlig außer Frage!

Im März hatten wir Silberhochzeit, und schon als mir die Tür zur geschlossenen Abteilung geöffnet wurde, spürte ich eine eigenartige Aufregung beim anwesenden Personal. Offenbar hatten alle auf mich gewartet.

Ich hatte bei meinem letzten Besuch mit Gerd darüber gesprochen, dass unser Hochzeitstag bevorstand, und das hatte er sich eingeprägt. Das Ereignis war ihm so wichtig, dass er wohl immer und immer wieder darüber sprach. Und so hatte Gerd eine Pflegerin dazu gebracht, mit ihm ins Dorf zu fahren und ein Geschenk zu besorgen! Das stand eigentlich überhaupt nicht auf seinem Behandlungsplan, aber er ließ sich nicht von dem Gedanken abbringen, seiner Frau zum Hochzeitstag Blumen zu schenken. Also gingen sie zu zweit den ganzen Weg zu Fuß, mehrere Kilometer weit, um in einem Geschäft einen Strauß Rosen für mich zu erstehen! Die Pflegekraft war absolut beeindruckt von Gerds Leistung. Sie hätte ihm weder die Kraft für den Fußweg zugetraut noch die Vehemenz, mit der er sich durchgesetzt hatte – und schon gleich gar nicht den guten Geschmack beim Zusammenstellen der Blumen!

Für den Rückweg nahmen sie dann den Bus, aber Gerds Instinkt und seine Ausdauer blieben noch ganz lange Thema auf der Station.

Nun kam also der große Moment, und er sollte mir den Strauß, den die Schwester für ihn aufbewahrt hatte, überreichen. Gleichzeitig kam aber auch die Ernüchterung! Denn er wusste plötzlich nicht mehr, dass heute Hochzeitstag war, und wusste nichts mehr von der Überraschung, die er selbst geplant hatte. Als ihm die

Schwester – die sich selber gefreut hatte wie ein Kind an Weihnachten – schließlich die Blumen in die Hand drückte, um sie mir zu überreichen, musste er so herzzerreißend weinen, dass alle, die uns gerade noch so erwartungsfroh zugeschaut hatten, am liebsten mitgeweint hätten.

Ich versuchte, Gerd zu trösten, so gut ich überhaupt konnte, und gemeinsam fuhren wir von der Klinik ins Kloster Hegne, um dort im Café zur Feier des Tages einen Kuchen zu essen. Es war ein simpler Wochentag und fast nichts los, aber die Bedienung ließ sich ewig Zeit. Ich ärgerte mich zwar ein bisschen über den schlechten Service, aber eigentlich hatten wir ja keine Eile. Da rief Gerd plötzlich mit lauter Stimme: „Hallo! Kommt hier bald mal jemand!" Die Kellnerin schreckte auf und beeilte sich, uns mit Kaffee und Gebäck zu versorgen. Sie hatte offensichtlich nicht damit gerechnet, dass Gerd sich so gut Gehör verschaffen konnte!

Auch nach mehreren Wochen haderte ich immer noch mit seiner Unterbringung in der geschlossenen Abteilung. Sein Schlafzimmer war spartanisch eingerichtet, die Schränke abgeschlossen. Es sah nicht aus wie ein Krankenzimmer, sondern wirkte eher wie eine heruntergekommene Jugendherberge. Mit seinem schönen sonnigen Balkonzimmer im Allgäu nicht zu vergleichen. Bevor ich seine frischen Sachen hineinlegen konnte, musste ich immer erst jemanden bitten, den Schrank aufzuschließen. Um 19 Uhr lagen alle Patienten im Bett, das Licht wurde gelöscht, und die Zimmer wurden abgeschlossen. Ich hatte jedes Mal richtig Beklemmungen, wenn ich mich im Schlafraum befand, und noch viel mehr, wenn ich Gerd dort abends zurücklassen musste. Als ich mit den Ärzten im Gespräch über diesen Umstand nicht weiterkam, wandte ich mich an einen Rechtspfleger, der sich ehrenamtlich um die Rechte von entmündigten Patienten kümmerte.

Bis zu dem Zeitpunkt war mir nicht bekannt gewesen, dass es so eine Stelle überhaupt gab. Ohne zu wissen, was auf mich zukam, machte ich mich also auf den Weg und erschien pünktlich zum vereinbarten Termin. In einem Arbeitszimmer in seinem Wohnhaus führten wir ein angenehmes Gespräch, und Herr

Rosen konnte mir einige wertvolle Tipps geben. Er sagte, er habe in seiner langjährigen Praxis noch nie einen Fall erlebt, wo ein Familienangehöriger sich dagegen wehrte, dass der Patient in der geschlossenen Abteilung untergebracht sei. Deshalb wollte er sich persönlich ein Bild von Gerds Unterbringung machen. Ich freute mich über sein Verständnis und dankte ihm für sein Engagement. Es tat gut, sich mit jemandem auszutauschen, der sich in der Heimunterbringung auskannte und trotzdem objektiv sprechen konnte, weil er ja nicht persönlich betroffen war und auch nicht Partei ergreifen musste.

Kurze Zeit später besuchte er Gerd und berichtete mir anschließend, dass er von der Einrichtung einen sehr guten Eindruck gewonnen habe. Tatsächlich sei dies die beste Einrichtung für psychisch Kranke, die er bislang kennengelernt habe, und Gerds Arzt habe ihm in dessen Anwesenheit erklärt, dass er zu seinem eigenen Schutz hinter verschlossenen Türen sei. Hm. Ich wusste eigentlich nicht recht, was ich mir genau von diesem Besuch erhofft hatte, war aber insofern ein bisschen beruhigt, dass eine außenstehende Person, die sich mit „solchen Fällen" auskannte, mir bescheinigte, dass Gerd sehr gut untergebracht sei. Jetzt erst wurde mir allmählich klar, wie hervorragend Gerd im Allgäu versorgt war, und ich bedauerte, ihn dort weggeholt zu haben.

Der nächste Schock ließ jedoch nicht lange auf sich warten. Eine weitere neurologische Untersuchung war ohne mein Wissen durchgeführt worden, und die diensthabende Ärztin knallte mir das Ergebnis unverblümt ins Gesicht mit den Worten: „Finden Sie für Ihren Mann ein Pflegeheim, oder besorgen Sie sich eine von diesen netten Frauen aus dem Osten, die sich künftig zu Hause um ihn kümmert! Wir können hier nichts mehr für ihn tun!" Ich kann heute noch das Echo ihrer harten Worte hören, ohne jedoch zu begreifen, was das bedeutete. Mir blieb sprichwörtlich die Luft weg, und ich hatte ein weiteres Mal das Gefühl, als hätte man den Boden unter meinen Füßen weggerissen! Ich war davon ausgegangen, dass Gerd in der Bodenseeklinik austherapiert wurde und irgendwann als gesunder Mensch wieder nach Hause kam. Offensichtlich war ich die Einzige, die jemals daran geglaubt hatte, denn als ich bei nächster Gelegenheit den Chefarzt mit der Aussage der Neurologin konfrontierte, meinte dieser nur: „Ja, so unverblümt hätte das Frau Müller nicht sagen dürfen. Aber in der Sache trifft es schon zu!" Und als ob das etwas zum Besseren wenden würde, zeigte er mir auf dem Rechner die letzten MRT-Aufnahmen von Gerds Schädel. Er erklärte, dass Gerds Gehirn rundum Schaden genommen habe. Ich müsse mir das so vorstellen, als würde man eine Plastiktüte über den Kopf stülpen und gleichmäßig zuziehen. Dadurch wurde das Gehirn in sämtlichen Außenbereichen gleichermaßen geschädigt. Deshalb sei seine Wahrnehmung so eingeschränkt, sein Krankheitsbild so komplex, dass es nicht einfach mit anderen Fällen von Sauerstoffmangel vergleichbar sei. Anders als bei einer partiellen Hirnschädigung, wie sie zum Beispiel bei einer Hirnblutung oder einem Schlaganfall auftreten kann, sei es hier daher auch nicht möglich, dass andere Bereiche des Gehirns bestimmte Aufgaben irgendwann übernehmen könnten. Die gute Nachricht sei, dass nichts wirklich zerstört sei im Sinne von unterbrochenen Nervenverbindungen, sondern diese eher „betäubt" seien und dass man seit ein paar Jahren wisse, dass Gehirnzellen sich regenerieren, die Synapsen sich neu vernetzen können. Allerdings sei dies ein langsamer Prozess, der viel Geduld verlange.

Geduld, das war nun wirklich etwas, was weder bei Gerd noch bei mir in größerem Maße vorhanden war. Bisher lief das bei uns eher so ab:

„Herr, schenke mir Geduld – und zwar sofort!"

Ich hatte parallel schon nach einer anderen Reha-Einrichtung gesucht, in der verstärkt die Hirnleistung gefördert wurde, und war in der Schweiz fündig geworden. Eine Helios-Klinik bot im Internet gezielt ophthalmologische Rehabilitation bei Sehstörungen an. Weiter hieß es, dass die Klinik größten Wert auf ganzheitliche Behandlung lege, also hatte man dort erkannt, dass Körper, Geist und Seele eine Einheit darstellten, die es in Balance zu halten galt. Das waren ja schon mal gute Voraussetzungen, wie mir schien. Ich nahm Kontakt mit der Klinikleitung auf und vereinbarte für Gerd und mich einen Vorstellungstermin in der Schweiz.

So stellte sich die Klinik im Internet vor:

Sehstörungen – Neuroophthalmologische Rehabilitation

Störungen der Sehleistung und die damit verbundenen Einschränkungen werden von den Betroffenen wie auch von der Umwelt in ihren Auswirkungen oft unterschätzt. In Kombination mit anderen körperlichen Beeinträchtigungen wie etwa Gehstörungen wirken sich Defizite bei der Sehleistung besonders negativ aus.

Bei der neuroophthalmologischen Rehabilitation in unserer Rehaklinik wird das Ziel einer weitgehenden Verbesserung bzw. der Korrektur von neurogenen und sonstigen Sehstörungen sowie Störungen der visuellen Wahrnehmung und deren Verarbeitung verfolgt. Im Zentrum stehen die Kompensation von visuellen Defiziten im privaten und beruflichen Alltag sowie die Optimierung von optischen Hilfsmitteln.

Unsere Klinik verfügt über ein umfassendes diagnostisches und therapeutisches Angebot zur Behandlung von Sehstörungen:

- *strukturelle Voraussetzungen*
- *neuroophthalmologisch spezialisierte Orthoptistin*
- *Konsiliaraugenarzt*
- *spezielles diagnostisches und therapeutisches Inventar*
- *auf die Bedürfnisse von Sehbehinderten ausgerichtete Klinikräumlichkeiten*
- *standardisierte Dokumentation und Auswertung von Diagnosen, Befunden, Therapieverläufen und Resultaten bei Sehstörungen*

„Spezifisches Hirnleistungstraining bei visuellen Wahrnehmungsstörungen" – das hörte sich vielversprechend an. Alsbald fuhren Gerd und ich an einem frühen Nachmittag im März 2012 vom Bodensee über die Schweizer Grenze in den Kanton Thurgau. Dass die Kliniken verkehrstechnisch so günstig zueinander lagen, fasste ich als zusätzliches Zeichen auf, dass dies der nächste logische Schritt auf Gerds Weg zur Genesung sei. Für mich bedeutete das zwar, dass sich meine Anfahrtszeit bei Besuchen noch einmal verlängerte, aber das wollte ich gerne in Kauf nehmen, solange Gerd von den Therapiemaßnahmen profitierte.

Der Klinikchef wollte sich zunächst selbst ein Bild von Gerd machen, bevor er dann die zuständige Orthoptistin dazurief, die offenbar auf dem Gebiet der Neuroophthalmologie schon große Erfolge verzeichnen konnte. Zu zweit saßen wir ihm also gegenüber, aber Herr Dr. Zeiser richtete seine Fragen über Gerds Zustand ausschließlich an mich. Umso überraschter wirkte er, als Gerd darauf selber antwortete! So nannte er dem Arzt zum Beispiel sein Geburtsdatum, den Geburtsort und seine aktuelle Adresse. Er wusste auch noch alle wichtigen Telefonnummern mit Vorwahl. Das war immer wieder das perplexe an der Situation. Niemand konnte sich vorstellen, dass Gerd in der Lage war, vernünftige Antworten zu geben, nur weil er sich zwei Minuten später nicht mehr an das Gespräch erinnerte.

Wenig später führte Frau Maier, die Leiterin der Orthoptik, ein kurzes Gespräch mit uns, in welchem sie jedoch nur vage auf ihre eigentliche Arbeit einging, und machte dann ein paar einfache Tests mit Gerd. Ich freute mich riesig, als die beiden Ärzte daraufhin zusagten, Gerd würde den nächsten freien Rehaplatz in Thurgau erhalten! Wir verabschiedeten uns von Frau Maier und wurden von Herrn Dr. Zeiser noch durch die Klinik geführt.

Diese machte einen sehr guten Eindruck auf mich. Die Zimmer waren alle hell und freundlich, die Türen standen überall offen. Die Patienten konnten zwischen ihrem privaten Zimmer und den Aufenthaltsräumen hin und her spazieren und sogar auf eine gemeinschaftliche Terrasse hinausgehen, wenn ihnen danach war. Im Gemeinschaftsraum mit Küchenzeile stand ein Kaffeeautomat, und es wurden ständig frische Snacks angeboten. Obwohl es sich auch hier um eine geschlossene Abteilung handelte, wirkte alles viel freier und mutete auch nicht unbedingt wie ein Krankenhaus an. Hier konnte man atmen. Ich war glücklich, dass Gerd schon bald hierherwechseln durfte. Hier würde er sich bestimmt wohler fühlen und entsprechend auch sein Genesungsprozess wieder Fortschritte machen.

Allerdings galt es vorher noch, ein Problem mit der Verwaltung zu klären. Der kaufmännische Leiter hatte wohl mit ausländischen Patienten schlechte Erfahrungen gemacht, und so stellte er es zur Bedingung, dass wir mit einer Zahlung in Höhe von 30.000 Franken in Vorleistung gingen, unabhängig davon ob Gerds Versicherung eine Zahlungszusage machte oder nicht! Erst wenn diese Summe auf dem Konto der Klinik in der Schweiz eingegangen war, würde Gerd das nächste freie Zimmer bekommen! Das war ein herber Schlag für mich, denn leider verfügte ich nicht über diese finanziellen Mittel, und so sah ich meine Hoffnungen auf einen besseren Rehaplatz für Gerd schon schwinden. Nächtelang lag ich wach und machte mir einen Kopf, woher ich so viel Geld nehmen sollte, und immer wieder bat ich Gott und meine Engel im Gebet um Hilfe. Oft fuhr ich zu Gerd in die Bodenseeklinik und wusste dort nicht, wie ich hingekommen war, weil ich mir während der Fahrt so viele Gedanken gemacht hatte, dass ich die Strecke gar nicht wahrgenommen hatte. Zu guter Letzt wandte ich mich an Gerds Arbeitgeber. Ich schilderte dem Personalchef unsere Situation und bat um Hilfe. Ich konnte mein Glück kaum fassen, als dieser sofort bereit war, die Summe so lange vorzustrecken, bis die Versicherung die eingereichten Rechnungen übernommen hatte und ich das Geld zurückzahlen konnte! Aufgrund einiger unschöner Missverständnisse dauerte die Abwicklung dann aber doch noch ein paar Tage länger als vorgesehen, sodass sich alles unnötig verzögerte.

Und dann stellte sich noch ein ganz anderes Problem: Weil Gerd inzwischen der Rechtspflege unterstand, musste ich beim Amtsgericht seine Verlegung ins Ausland beantragen und genehmigen lassen! Doch auch hier standen uns unsere Engel zur Seite, und innerhalb weniger Tage wurde uns die nötige Genehmigung auf dem kleinen Dienstweg erteilt.

Durch diese ganzen Verstrickungen konnte Gerd nicht direkt von einer Klinik in die nächste wechseln. Stattdessen wurde er am Bodensee entlassen und verbrachte ein paar Tage zu Hause.

Das war einerseits sehr schön, stellte uns aber auch wieder vor neue organisatorische Herausforderungen. Wer sollte sich tagsüber um Gerd kümmern? Er brauchte schließlich rund um die Uhr Betreuung, und ich ging nach wie vor meiner Berufstätigkeit in Vollzeit nach. Da sprang meine Schwester Beate als rettender Engel ein. Das war ein richtiger Segen, denn sie traute sich nicht nur zu, Gerd zu versorgen, sondern unternahm sogar ein paar Spaziergänge mit ihm durch unseren Ort. Beate und Gerd hatten schon immer eine sehr gute freundschaftliche Beziehung gehabt, und mit ihrer positiven Art schaffte sie es, Gerd neuen Lebensmut zu vermitteln. Sie schlenderten durch die Straßen und unterhielten sich mit den Menschen, die ihnen begegneten. Sie gingen gemeinsam in die Metzgerei und zum Bäcker und setzen sich gelegentlich auch mal in eine Gartenwirtschaft, um dort etwas zu trinken und sich eine Weile die Zeit zu vertreiben. So konnte Gerd wieder richtig Freude am Leben schöpfen.

Am Tag vor seiner Aufnahme in Thurgau erhielt Gerd zu Hause Besuch von ein paar chinesischen Kollegen, mit denen er die letzten sieben Wochen vor seinem Herzinfarkt in Wuhan zusammengearbeitet hatte. Sie machten sich große Sorgen um Gerd und fühlten sich bis zu einem gewissen Grad auch für seinen Herzinfarkt verantwortlich, und so war es ihnen ein Herzensanliegen, Gerd zu besuchen, als sie zu einem geschäftlichen Anlass in Deutschland waren. Sie ließen sich nicht anmerken, wie bestürzt sie über Gerds Anblick waren, und es gelang ihnen sogar, sich ganz vernünftig mit ihm zu unterhalten. Die Chinesen redeten Gerd direkt an und sprachen nicht etwa in der dritten Person über ihn, wie es leider die meisten anderen immer taten, und Gerd hatte keinerlei Mühe, dem Gespräch auf Englisch zu folgen, selbständig zu antworten und seinerseits Fragen zu stellen, wie es denn mit dem chinesischen Projekt seit seiner Rückkehr weitergegangen war. Auch wenn er sich nicht mehr an seine letzte Geschäftsreise erinnerte, interessierte ihn alles, was mit seiner Arbeit im Zusammenhang stand, immer noch brennend.

Als einer der Besucher dann noch erzählte, dass sein Schwager nach einem Herzinfarkt fast vier Jahre gebraucht hatte, um sich zu erholen, sich inzwischen aber wieder ohne fremde Hilfe im Alltag zurechtfand, schöpften Gerd und ich sogar neuen Mut, und voller Freude und nicht ohne Stolz erzählte er den Gästen, dass er am nächsten Tag in die Schweiz fahre, um sich einer Therapie zu unterziehen, mit der seine Sehfähigkeit wiederhergestellt werden sollte.

Plötzlich hatte ich das Gefühl, Gerd war nicht bewusst gewesen, dass es sich dabei um einen weiteren stationären Aufenthalt handelte. Stattdessen glaubte er bis zuletzt, wir würden zu einer ambulanten Therapie fahren und dann wieder gemeinsam nach Hause zurückkehren.

Als wir uns am nächsten Morgen auf den Weg machten, besorgten wir uns zuerst ein kleines Vesper beim Bäcker und machten dann noch einen Stopp zum Tanken. Der Tankstellenbesitzer lehnte sich bei Gerd ins Beifahrerfenster, wünschte ihm alles Gute und steckte ihm 20 Euro zu. Es tat gut, immer wieder die Anteilnahme und Unterstützung aus unserem Bekanntenkreis zu erfahren und wir spürten, dass uns viele auch in ihre Gebete eingeschlossen hatten.

Guter Dinge kamen wir in Thurgau an und meldeten uns direkt auf der Station. Ein schönes sonniges Zimmer stand für Gerd bereit, und dort wurde er auch von der Stationsärztin begrüßt. Nach einem kurzen Gespräch wollte sie Gerd untersuchen. Dazu sollte er quer durchs Zimmer gehen und auch zeitweilig versuchen, auf einem Bein zu stehen. Man konnte ihm ansehen, wie Gerd sich konzentrieren musste, aber er schaffte die gestellten Aufgaben einwandfrei! Ich war stolz wie Bolle!

Als er später im Gemeinschaftsraum zusammen mit anderen Patienten am Abendessen teilnehmen sollte und ich nach Hause fahren wollte, sprang er von seinem Platz an der Stirnseite des großen Esstisches so heftig auf, dass sein Stuhl nach hinten kippte, und schrie mit ganzer Kraft: „Ich bleibe aber nicht hier! Dann bin ich ja wieder Depp! Ich bleibe nicht hier! Ich bin kein Depp!" Damit hatte er genau das ausgesprochen, was mich in der Bodenseeklinik so bedrückt hatte. Gerd war nicht geistig behindert. Er war irgendwo zwischen den Welten gefangen, weil die Koordination zwischen seinem Körper und seinem Geist nicht mehr reibungslos funktionierte. Das bedeutete aber noch lange nicht, dass er alles, was um ihn herum vorging, nicht ganz genau beobachtete. Auch wenn er dabei visuell eingeschränkt war, konnte er doch sehr wohl die Stimmlagen der Menschen und die Schwingungen in den zwischenmenschlichen Beziehungen bzw. in der Art, wie sein Gegenüber sich ihm näherte, verifizieren.

Wieder einmal bohrte sich ein Messer in mein Herz. Der körperliche Schmerz, das Entsetzen, die Wut, die Angst – all das war zu viel für mich. Es gelang mir nicht, Gerd zu beschwichtigen, vermutlich, weil ich selber genauso verzweifelt war wie er.

In seiner unbändigen Wut und in tiefster Verzweiflung verfügte Gerd plötzlich über übermenschliche Kräfte. Mehrere Pfleger konnten ihn nicht mehr festhalten, und so gab es nur noch eins, nämlich eine Spritze, die ihn beruhigen und davor schützen sollte, sich selbst und andere zu verletzen. Ich rannte davon, den Flur entlang, zur Klinik hinaus zu meinem Auto und saß dort weinend noch lange auf dem Parkplatz, bevor ich zurück nach Deutschland fahren konnte. Einmal mehr plagte mich der Schmerz, ihn verraten und im Stich gelassen zu haben.

29. 03. 2012–12. 05. 2012: Helios-Klinik, Thurgau/Schweiz

Am Wochenende wollte ich Gerd zusammen mit unserer Tochter und meiner Mutter besuchen. Sie hatte seit ein paar Tagen ein Hundebaby, und wir schmuggelten Fibsy in einer Tasche in die Klinik, weil wir gehofft hatten, dass der kleine Kerl Gerd aufmuntern würde. Frohen Mutes ließen wir uns zu Gerd führen und fühlten uns dabei wie Verschwörer, weil die Schwester ja nicht sehen sollte, dass wir einen Welpen dabeihatten. Die eigentliche Überraschung war dann aber nicht der Hund, sondern Gerd. Auf seinen Anblick waren wir nicht gefasst gewesen. Er saß in einen Rollstuhl mit hoher Rückenlehne fixiert am Tisch im Aufenthaltsraum. Obwohl der ganze Oberkörper angeschnallt war, war Gerds Körper in sich zusammengefallen, sein Kopf war auf die Brust gesunken. Er sah uns nicht an; wir konnten nicht beurteilen, ob er uns überhaupt wahrnahm. Eiskaltes Entsetzen überkam mich. Das war kein Mensch mehr, sondern ein Zombie!

Ich trat mit der Schwester in den Flur und ließ mir von ihr erklären, dass dies die Folgen der „Ruhigstellung" seien. Gerd hatte sich ja nicht beruhigen können, als er in der Klinik zurückbleiben sollte, und es sei Krankenhauspolitik, nicht nur eine einfache Beruhigungsspritze zu geben, sondern den Patienten vollständig ruhigzustellen! Was hatte ich ihm da angetan? Hatte ich mich in der Kompetenz dieses Hauses so getäuscht? Hatte ich erneut eine falsche Wahl getroffen, obwohl ich im besten Sinne für Gerds Wohl handeln wollte? Ja, ich musste zugeben, ich war der Situation, als Gerd ausgerastet war, selbst nicht gewachsen gewesen, ich war davongelaufen. Aber durfte ein Mensch in einer Klinik so ausgeknockt werden?

Gerd hatte drei Wochen im Koma gelegen und eine ganz schwere Zeit hinter sich gebracht, bis er überhaupt wieder bei vollem Bewusstsein war. Und dann wurde dieser lange Weg durch eine einzige Spritze zunichtegemacht und Gerd wieder auf Stufe null geschickt? Was, wenn er diesmal die Kraft nicht mehr fand, zurückzukommen? Oder in diesem Dämmerzustand stecken blieb, weil er einfach nicht mehr zurückwollte? Ich wagte nicht, den Gedanken zu Ende zu führen. In meinen Ohren rauschte es, mein Kopf dröhnte, mein Herz hämmerte so fest, dass es schmerzte.

Mit den 30.000 Franken war die Klinik für vier Wochen im Voraus bezahlt worden – aber anstatt therapiert zu werden, verbrachte Gerd die erste Woche ans Bett gefesselt oder in einen Rollstuhl fixiert. Sein Zimmer war mit weichen Gymnastikmatten ausgelegt, sein Bett war abgebaut worden. Stattdessen befand sich sein Schlaflager direkt auf dem Fußboden, damit er sich nicht verletzen konnte. Außerdem waren in zwei Ecken des Raumes Überwachungskameras angebracht worden. Sein Zimmer war zu einer Gummizelle umfunktioniert worden. Und das war nur der äußere Eindruck – tatsächlich war es um Gerds Seelenheil noch viel schlimmer bestellt. Als wir Wochen später zusammen mit einer Heilpraktikerin diese Zeitspanne aufarbeiten wollten, stellte sich heraus, dass Gerd sich in dieser Situation nicht nur völlig hilflos, sondern auch absolut machtlos gefühlt hatte, was dazu führte, dass er sich vollständig in sich selbst zurückzog, wie eine Schildkröte, die Kopf und Extremitäten in ihren Panzer einziehen kann. Dies hatte zwar in dem Moment sein Überleben gesichert, tatsächlich hatte sich seine Seele von diesem Schock aber nie mehr ganz erholen können.

Wir schoben Gerd in seinem Rollstuhl auf die Terrasse hinaus, wo wir ihm das Hundebaby in die Arme legten. Aber noch nicht einmal dieser kleine Kerl konnte Gerd aus seiner Apathie herausholen. Daniela gab sich alle Mühe, mit ihrem geliebten Daddy zu reden, er schien aber keinerlei Notiz von ihr zu nehmen. Erst als wir sagten, wir würden jetzt wieder zurückfahren, hob er ganz leicht den Kopf, als wollte er sagen: „Siehst du, was du mir angetan hast!" Dieser stumme Vorwurf machte mir noch sehr lange zu schaffen.

Ohne Gerd machten wir uns auf den Rückweg, wie betäubt saß ich am Steuer und fuhr in meiner Verwirrung in Konstanz gleich zwei Mal über den Zoll, also nach Deutschland hinein und noch einmal in die Schweiz zurück, bevor wir endlich auf der richtigen Spur waren. Daniela und meine Mutter saßen schweigend mit im Auto, niemand war in der Verfassung zu reden. Alle waren wir gleichermaßen erschüttert. Auch der kleine Welpe konnte unsere Verzweiflung spüren und war ganz still.

Unglücklicherweise hatte sich Gerd bei seinem Tobsuchtsanfall am Anreisetag in der Klinik in Thurgau an einer Schranktür den Finger so unglücklich gequetscht, dass er ins Spital gebracht werden musste, um dort den Nagel zu ziehen. Dazu wurde ein Krankentransport angefordert. Ich musste von Deutschland anreisen, um zusammen mit einem Pfleger mit Gerd im Krankenwagen nach Münster zu fahren. Dort wurde der kurze Eingriff unter örtlicher Betäubung durchgeführt. Trotzdem waren wir insgesamt fast vier Stunden unterwegs gewesen. Vier Stunden, in denen sich Gerd wieder zwischen Hoffen und Bangen bewegte, weil er einfach nicht wusste und nicht einschätzen konnte, was mit ihm geschah. Obwohl er immer alles tapfer ertragen hat, haben sich all diese Vorkommnisse in seiner Seele als Blockaden manifestiert, während seine Psyche sich immer mehr zurückzog. Welch riesige Schäden Gerd in dieser ganzen Zeit genommen haben musste, wagte ich gar nicht einzuschätzen.

In der zweiten Woche seines Aufenthalts in Thurgau musste Gerd erst wieder aufgebaut werden, bevor dann endlich mit der eigentlichen Therapie begonnen werden konnte, für die er ja überhaupt hergekommen war. Um ihn bei diesem Prozess zu unterstützen, mietete ich ein Gastzimmer in der Klinik an. So konnte ich die meiste Zeit bei ihm bleiben und ihn auch bei den Mahlzeiten unterstützen. Denn noch immer konnte er nicht erkennen, wenn er einen vollen Teller vor sich hatte. Auch konnte er die Gabel nicht allein aufnehmen. Diese Hilflosigkeit änderte sich allerdings in dem Moment, wenn er den Vorgang des Essens einmal begonnen hatte. Dann lief plötzlich ein Mechanismus ab, und er konnte selbständig seine Mahlzeiten einnehmen. Manchmal gelang es ihm sogar, nach dem Glas zu greifen und dieses an den Mund zu führen, um zu trinken. Dies alles begriffen wir erst im Laufe der Zeit und lernten irgendwann, wie wir ihn am besten unterstützen konnten, während Dritte damit nicht zurechtkamen. So dachte ein Pfleger immer, wenn er Gerd die Nahrung in mundgerechte Portionen aufteilte, wäre es damit getan. Dass er aber die Gabel nicht finden konnte oder wenn er sie fand, vielleicht falsch rum in der Hand hielt und deshalb keine Nahrung aufnehmen konnte, damit rechnete niemand, der nicht mit der Situation vertraut war. Und so kam es häufig vor, dass man sein Essenstablett wieder abräumte im Glauben, Gerd hätte keinen Appetit, dabei hatte er nur seine Gabel nicht gefunden oder seinen Teller gar nicht erst gesehen.

Und Gerd selber sagte nichts dazu. Warum? War er zu stolz, Hilfe anzunehmen? War er verunsichert, weil er nicht wusste, ob er womöglich bereits gegessen hatte? Die neurologischen Untersuchungen ließen vermuten, dass er durch ein eingeschränktes Gesichtsfeld vielleicht nur die Hälfte sehen konnte, und man versuchte, durch Drehen des Tellers Gerd zu unterstützen. Aber auch das brachte nicht wirklich etwas. Wenn er es schaffte, die Gabel in die Hand zu nehmen, die aber verkehrt herum auf dem Tisch gelegen hatte, konnte er die Gabel nicht umdrehen und hielt also die Zinken in der Hand und den Gabelstiel im Essen. Hilflos. Das war immer wieder die Beschreibung, die leider zutraf. Hilflos.

Irgendwann konnte dann endlich mit der eigentlichen ophthalmologischen Therapie begonnen werden. Wir schöpften wieder Hoffnung, Gerd machte Fortschritte. Er wurde trainiert, seinen Weg von einer Abteilung der Klinik in die andere selbst zu finden, was das Verlassen der geschlossenen Abteilung mit sich brachte und die Benutzung des Lifts. Die verschiedenen Abteilungen und Geschosse waren durch Farben gekennzeichnet, was die Orientierung erleichtern sollte. Gerd hatte Behandlungen im Sehlabor, sollte zum Radfahren in die Fitnessabteilung und zur Gesprächstherapie auf ein anderes Stockwerk gehen. Obwohl Gerd schon immer über einen außergewöhnlich guten Orientierungssinn verfügt hatte, musste er trotzdem auf allen Wegen begleitet werden. Zudem mussten seine Therapeuten feststellen, dass die

Klinik nicht hundertprozentig behindertengerecht war, weil nämlich verschiedene Hinweisschilder in einer Höhe angebracht waren, in der ein Patient mit Gerds Körpergröße sich den Kopf stoßen konnte. Auch hier geschah es also, dass die Ärzte und Therapeuten von Gerd lernen durften.

Die wöchentlichen Gespräche mit einem Psychotherapeuten, der ganz besonders einfühlsam vorging, wurden unterstützt durch praktische Anwendungen, bei denen Gerd zusammen mit zwei jungen Praktikantinnen einfache Greifspiele machen sollte. Später stand dann auch „Handytraining" auf dem Programm. Darauf freute ich mich schon, denn sein Mobiltelefon hatte in Gerds Leben eine ganz wichtige Rolle gespielt. Bestimmt würde ihm die therapeutische Arbeit damit einen großen Schritt weiterbringen! Außerdem sah der Genesungsplan vor, dass Collagen erstellt wurden, die aufzeigten, wie Gerd sich seine nahe und fernere Zukunft vorstellte; es wurde also mit Visionen und Wunschbildern gearbeitet. Alles super. Nur leider wollte Gerd nach einer Weile mit den beiden jungen Mädchen partout nicht mehr arbeiten. Obwohl die zwei ihre Sache nach meinem Verständnis sehr gut machten, sperrte er sich total und machte den Praktikantinnen das Leben schwer. Ich überlegte mir, ob das vielleicht daher rührte, dass die beiden ihn an seine eigene Tochter erinnerten und er sich in seiner Hilflosigkeit schlicht schämte?

Zu Ostern durfte er nach Hause. Seine Therapie hatte gerade erst begonnen und seine Medikamente waren nach dem totalen Knock-out noch nicht wieder richtig eingestellt. Ich konnte nicht sagen, ob er sich wirklich über den Besuch zu Hause freute oder ob die Enttäuschung überwog, dass er nicht als gesunder Mann zurückgekehrt war. Jedenfalls war er sehr schweigsam und schlief viel. Erst als sein jüngster Bruder ihn am Nachmittag des Ostersonntags besuchen kam, raffte er sich auf und setzte sich eine Weile zu ihm an den Tisch. Aber ein richtiges Gespräch wollte trotzdem nicht in Gang kommen. Gerd wirkte eher teilnahmslos. Kurze Zeit, nachdem Sascha sich wieder verabschiedet hatte, wurde Gerd von einem Krampfanfall geschüttelt! Zuerst wusste ich gar nicht, was da ablief, war mit der Situation völlig überfordert, und schließlich blieb mir nichts anderes übrig, als den Notarzt zu rufen. Glücklicherweise sind wir in unserem Ort sehr gut versorgt, es ist sogar ein eigener Rettungswagen vorhanden, und so waren selbst am Feiertag die Helfer binnen kürzester Zeit bei uns. Gerd wurde notärztlich versorgt und erneut ins Kreiskrankenhaus gebracht. Schon bald zeigte die gelegte Infusion Wirkung, und Gerd war wieder bei Bewusstsein. Das Gespräch mit der herbeigerufenen Neurologin verlief zufriedenstellend. Es war für sie leicht nachvollziehbar, dass der Krampfanfall damit einherging, dass die Medikation noch nicht optimal angepasst war. Um jedoch das Auftreten einer Hirnblutung auszuschließen, sollten Gerds Herz und seine Hirnströme zweiundsiebzig Stunden mittels Monitor überwacht werden. Das hieß aber auch, dass er so lange ans Bett gefesselt war und die Urinflasche und die Bettpfanne benutzen musste.

Damit hatte Gerd allerdings ein großes Problem, und er verlangte, stattdessen die Toilette aufsuchen zu dürfen. Tatsächlich wurde er von einer Pflegekraft dann für kurze Zeit von den Monitoren abgestöpselt, und ich begleitete ihn, damit er mitsamt Infusionsbeutel an einem Tropfständer zur Intensivstation rausgehen und die Toilette draußen auf dem Flur aufsuchen konnte. Wir waren beide mächtig stolz über diesen Erfolg! Spät am Abend fuhr ich völlig erschöpft nach Hause und wollte ein paar Stunden schlafen.

Am nächsten Tag wurde ich vom Klingeln des Telefons geweckt. Justin hatte aber schon abgenommen, als ich zur Schlafzimmertür herauskam. Er stand oben auf der Treppe mit dem Hörer am Ohr, schaute mich ungläubig an und sagte völlig fassungslos: „Sie wollen Daddy in die Psychiatrie einweisen!"

Was war geschehen? Zitternd vor Aufregung und voller Angst kleideten wir uns so schnell wie möglich an und eilten gemeinsam ins Krankenhaus. Dort bot sich uns ein entsetzlicher Anblick! Gerd war immer noch auf der Intensivstation, nun allerdings an Händen und Füßen auf ein Bett geschnallt, nur mit einem T-Shirt bekleidet, mit entblößtem Unterleib lag er auf nassen Laken. Seine Eltern, die an diesem Tag selbst zu einer ambulanten

Untersuchung ins Krankenhaus gekommen waren, standen hilflos und fassungslos im Türrahmen. Ich war entsetzt und verlangte von einem Pfleger, dass Gerd losgemacht wurde, damit Justin und ich ihn anziehen und mitnehmen konnten. Wie es Justin dabei ging, seinen Vater so sehen zu müssen, wagte ich mir nicht einmal vorzustellen. Eine Ärztin kam dazu und fragte mich, ob ich wisse, worauf ich mich da einließe. Dieser Patient gehöre zwingend in die Psychiatrie. Er habe randaliert und herumgeschrien und musste zu seinem eigenen Schutz fixiert werden. Ich war plötzlich nur noch wütend, und hätte man Gerd nicht endlich losgemacht, hätte ich die Gurte selbst mit einem Messer durchtrennt! Justin hatte in seinem ganzen Schmerz um seinen Vater Mühe, mich zu beruhigen, damit ich in meiner ohnmächtigen Wut die Situation nicht noch verschlimmerte, indem ich gegen die Menschen losging, die doch nur alles taten, was unter den gegebenen Umständen möglich erschien. Ein Pfleger versicherte mir, dass es jetzt schon wieder besser sei. Gerd habe sehr unruhig geschlafen und Krawall geschlagen, als er wach wurde. Das käme aber häufig vor, wenn Menschen zum Beispiel aus der Narkose erwachten und nicht wüssten, wo sie sich befänden. Eine solche Situation sei dem Krankenhauspersonal eigentlich vertraut. Wie sich später herausstellte, war der Auslöser gewesen, dass Gerd wieder einmal die Bettpfanne nicht benutzen, sondern aufstehen und zur Toilette gehen wollte. Da er sich aber immer noch unter diesem 72-Stunden-Monitoring befand, wurde ihm das nicht ermöglicht, und so war die Situation eskaliert. Die Ärztin, mit welcher ich am Vortag das ausführliche Gespräch geführt hatte, war zu dem Zeitpunkt nicht im Haus gewesen, und die Angestellten der Gegenschicht waren wohl nicht richtig über Gerds Zustand informiert. Hätte also jemand Gerd zur Toilette begleitet, hätte dies alles verhindert werden können. Unnötig zu sagen, dass die ganzen Aufzeichnungen der Hirnströme unbrauchbar waren; das Monitoring war also vollkommen zwecklos gewesen.

Widerwillig wurden Gerds Gurte gelöst, und gemeinsam zogen Justin und ich ihm Unterwäsche und Kleidung an. Danach sollte Justin den Papierkram erledigen, während ich mit Gerd auf dem Gang hin und her lief, denn er war total aufgeregt und nicht mehr im Zimmer zu halten. Selbstredend nahmen wir ihn auf eigene Verantwortung mit, dennoch dauerte es eine Ewigkeit, bis der Bericht fertig war und ein Arzt sich bereit erklärte, diesen zu unterzeichnen, sodass ich einstweilen schon mit Gerd auf den Parkplatz hinausgegangen war, während Justin den Bericht von mir gegenzeichnen lassen und zurück auf die Station bringen musste. Daraufhin fuhren wir zuerst zu unserem Hausarzt, der uns in unserem Unterfangen, Gerd zurück in seine Reha-Einrichtung zu bringen, unterstützte und zuvor noch Globuli verabreichte, die uns alle so weit beruhigten, dass wir die lange Fahrt überhaupt antreten konnten. Das blanke Entsetzen stand uns noch ins Gesicht geschrieben, als wir in der Schweiz ankamen und hier vom Pflegepersonal liebevoll versorgt wurden. Allerdings war über die Osterfeiertage nur eine kleine Besetzung anwesend, und ich konnte weder den Arzt, der Gerd in diesem zweifelhaften Zustand übers Wochenende nach Hause entlassen hatte, noch den Chefarzt zu einem klärenden Gespräch erreichen. Also schrieb ich noch am selben Tag eine ausführliche E-Mail an den Klinikleiter, in der ich den Ablauf der Ostertage dokumentierte, doch ich erhielt keinerlei Stellungnahme darauf.

Die folgenden Tage wurden besonders hart für Gerd. Weil er körperlich durch die ganzen Vorfälle noch sehr geschwächt und sein Nervenkostüm ebenfalls extrem dünn war, verbrachte er die meiste Zeit im Bett. Aber auch hier holten ihn seine eigenen Gedanken immer wieder ein. Er war desorientiert, verängstigt, konnte kaum sehen, wusste nicht, was er wahrnahm, kannte die Pfleger nicht. Der blanke Horror. Er weinte viel. Eine besonders sensible Pflegerin nahm sich seiner an, versuchte ihn zu trösten, aber auch sie wusste bald nicht mehr weiter, und so rief sie mich häufig schon früh am Tag an und reichte dann den Hörer an Gerd weiter, damit ich mit ihm sprechen sollte.

Ich hatte mir zu der Zeit schon angewöhnt, regelmäßig zu meditieren, was oft mein einziger Rückhalt war. Wenn ich spät abends aus der Klinik zurückkam, schaltete ich nicht den Fernseher ein, um „abzuschalten", sondern versuchte mich mit den

Texten von *Louise L. Hay* und *Doreen Virtue* zu stärken. Wenn ich zum Lesen zu müde war, vor Erschöpfung aber nicht einschlafen konnte, griff ich auf CDs und Hörbücher zurück.

So hatte ich also schnell das Buch „Engelbotschaften für jeden Tag" von *Doreen Virtue* zur Hand, wenn Gerd am Telefon war. Ich hörte die Verzweiflung in seiner Stimme, schlug das Büchlein intuitiv auf und las ihm die entsprechende Seite vor. Obwohl Gerd vorher nie etwas von „meinen Engeln" hatte wissen wollen, reagierte er prompt auf die liebevollen Texte. Ich konnte tatsächlich spüren, wie sein Atem ruhiger wurde, wie sein Puls sich normalisierte, wie er sich sogar mit dem Vorgelesenen auseinandersetzte! Häufig stimmte er zu oder hatte einen eigenen Kommentar dazu, und so half die Botschaft des Tages uns beiden. Manchmal fragte er auch: „Ist das wirklich wahr? Also gut", und war danach endlich bereit, sein Frühstück einzunehmen, und ich konnte beruhigt zur Arbeit fahren.

Selbstverständlich konnte ich ihm während meiner Arbeitszeit nicht permanent zur Verfügung stehen, wenn er Hilfe brauchte, und erstellte deshalb eine Telefonliste, die neben seinem Bett platziert wurde, damit er in seiner Angst und Verzweiflung seine Familienangehörigen anrufen lassen konnte, die ihn durch ihre vertraute Stimme beruhigen sollten. Leider funktionierte dieser Plan überhaupt nicht. Immer wenn die Schwester eine Rufnummer wählte und Gerd den Hörer reichte, um mit seiner Mutter oder seinen Geschwistern zu sprechen, wussten diese überhaupt nicht, wie sie mit Gerd umgehen sollten. Anstatt ihm einfach ein bisschen vom Tag zu erzählen, stellten sie ihm Fragen wie „Wie geht es dir?", und wenn er dann antwortete „Ich möchte nach Hause", legten sie auf und riefen mich an, um mir mitzuteilen, Gerd wolle heim! Anstatt ihn zu beruhigen und mich ein bisschen emotional zu entlasten, wurden lediglich die Handykosten in astronomische Höhen getrieben, weil die Anrufe ja immer aus der Schweiz kamen. Also außer Spesen nichts gewesen. Ich war zu dem Zeitpunkt bereits sehr enttäuscht von seiner Familie, und das sollte sich auch in Zukunft nicht bessern.

Das darauf folgende Wochenende verbrachten wir gemeinsam in der Schweiz. Ich hatte Gerd nach den Mahlzeiten mit ins Gästehaus genommen, und dort schauten wir Formel 1 im TV an. Man konnte fast den Eindruck gewinnen, Gerd konnte etwas sehen, aber er machte sich wohl eher selbst etwas vor. Jedenfalls saß er hoch konzentriert vor dem Fernseher und verfolgte das Rennen mit großem Interesse. Sicher glaubte er, genau wie ich auch, dass er, wenn er nur das Gewohnte machte, dann auch irgendwann die gewohnten Bilder wieder sehen konnte.

Als ich ihn abends wieder zurück auf seine Station brachte, konnte ich beobachten, wie kranke Menschen nachts teilweise auf dem Flur lagen in ihrer Verzweiflung und sich murmelnd oder weinend hin und her bewegten. Betreuer saßen dabei und ließen es geschehen. Wenn dies auch auf den ersten Blick erschreckend auf mich wirkte, spürte ich doch, dass es besser war, den Patienten die Chance zu geben, den Kampf, den sie im Kopf ausfochten, so körperlich auszuleben. Durch betäubende Medikamente oder Fixierung am Bett war diesen Nöten nicht beizukommen. Dadurch wurden sie nur verlängert.

Leider wurden auch wir schon bald wieder von der Realität eingeholt. Als Gerd merkte, dass sich sein Sehvermögen nicht besserte, verlor er den Mut und wollte auch nicht mehr an den anderen Therapiemaßnahmen teilnehmen. Dabei hätte ihn noch so viel erwartet. So waren zum Beispiel einige Räumlichkeiten der Klinik ausgestattet mit Attraktionen, in denen man durch Greifen bestimmte Erfahrungen und Assoziationen machen sollte. Man griff mit der Hand in eine Schublade, die mit kleinen glatten Kugeln gefüllt war. Wie fühlte sich das an? Wie ließ sich das beschreiben? Welche Bilder bauten sich im Kopf auf? Leider kam Gerd gar nie bis zu dieser speziellen Abteilung, weil er sich vorher aufgab. Vermutlich wusste er instinktiv, dass er sein Ziel nicht mehr erreichen konnte, und brach deshalb die Behandlung von sich aus ab, bevor ein Arzt ihm sagen konnte, dass es hoffnungslos wäre. Reiner Selbstschutz also. Das war schade, aber die Ärzte mussten zugeben, dass es nichts brachte, wenn wir Gerd zu Terminen schleppten, die er nur widerwillig besuchte oder gar boykottierte, und deshalb nahm ich ihn trotz weiterer Kostengutsprache schon eine Woche früher als geplant mit nach Hause.

Unser Patenkind Jana feierte am 12. Mai Konfirmation, und selbstverständlich wollte auch Gerd gerne mit von der Partie sein.

Leider war er körperlich immer noch deutlich schwächer als vor seinem Aufenthalt in Thurgau. Er konnte zwar den feierlichen Gottesdienst besuchen, aber am Sonntagnachmittag kam es fast zu einem kompletten körperlichen Zusammenbruch statt zum gemütlichen Beisammensein bei Kaffee und Kuchen. Er schien physisch gebrochen, und die vielen Tabletten, die er einnehmen musste, um weitere Krampfanfälle zu verhindern, machten ihm zusätzlich zu schaffen. Er fühlte sich ständig benommen und war sehr wackelig auf den Füßen.

Zwar konnten wir diesmal einen erneuten Krankenhausaufenthalt zum Glück verhindern. Trotzdem musste ich einsehen, dass wir die geplante Flugreise in die USA so nicht antreten konnten.

Ich hatte bereits Flüge gebucht nach Seattle und wollte gerne mit einem Mietauto die Westküste herunterfahren bis San Francisco. Immer wieder hatte ich Gerd in der Reha von diesen Plänen erzählt, und er war Feuer und Flamme gewesen, denn er reiste für sein Leben gern. Anfangs fragte er immer fast mutlos „Hast du für mich auch ein Ticket gekauft?" Und wenn ich das bejahte, strahlte er und machte Pläne, was wir dort alles unternehmen müssten, welche Orte wir besuchen wollten und was wir essen würden. So war allein schon die Vorfreude auf die Reise ein wesentlicher Bestandteil seiner Reha gewesen, deren Ziel es schließlich gewesen war, wieder in den Alltag zurückzukehren. Aber er war körperlich leider immer noch nicht fit genug. Bedauerlicherweise hatte ich in meiner Euphorie nur die billigsten Plätze gekauft und auf eine Reiserücktrittversicherung verzichtet, und musste nun feststellen, dass die Tickets weder stornierbar noch umbuchbar waren und ich auf den gesamten Reisekosten sitzen blieb! Condor ließ nicht mit sich reden, so waren nun mal die Bestimmungen, hieß es. Aber so hoch der finanzielle Verlust auch ausfiel, die Enttäuschung über das Nichtzustandekommen der Reise war noch größer!

Zurück ins Leben

In enger Kooperation mit dem Hausarzt wurde Gerd ab sofort ambulant behandelt, was bedeutete, dass er Ergotherapie machte und regelmäßig zum Masseur ging. Dabei legte er die Wege so oft wie möglich zu Fuß zurück, selbstverständlich immer in Begleitung.

Ein- oder zweimal ließ ich ihn alleine losziehen, um die Gegend zu erkunden. Er sollte an Sicherheit gewinnen und neues Selbstvertrauen aufbauen, wenn er erlebte, dass er sich in dem ihm früher so vertrauten Ort allein zurechtfand.

Sein erster Weg führte ihn zur Bank, um Geld abzuheben! Ich war ihm selbstverständlich gefolgt und beobachtete ihn nun aus der Entfernung, wie er eine ganze Zeit lang unschlüssig vor der Tür zum Bankgebäude stand, bis er tatsächlich hineinging und am Schalter um Geld bat. Natürlich kannten ihn die Mitarbeiter der Bank alle persönlich und waren umso mehr erstaunt, als Gerd plötzlich vor ihnen stand! Er hatte seine EC-Karte nicht dabei, aber er konnte die Nummer seiner Mastercard auswendig aufsagen! Selbstredend wurde ihm Geld ausbezahlt. Ein gutes Gefühl! Er strahlte übers ganze Gesicht als er aus dem Gebäude wieder heraustrat.

Da fiel mir *Louise L. Hay* wieder ein und ihre Definition zum Thema Herzinfarkt:

Definition lt. Louise L. Hay, Gesundheit für Körper und Seele:
Presst sich wegen Geld, Position o. Ä. alle Freude aus dem Herzen.

Offensichtlich war Gerd Geld sehr wichtig, denn sonst hätte nicht sein erster Weg allein direkt zur Bank geführt!

Bei einer kardiologischen Untersuchung ein paar Wochen später wurde festgestellt, dass sich sein Herzmuskel vollständig erholt hatte, was nach Auffassung seines Arztes absolut ungewöhnlich war! Normalerweise hinterließ ein so starker Herzinfarkt Spuren, aber es konnte keinerlei Narbengewebe festgestellt werden und das Belastungs-EKG war unauffällig! Gerd war spätestens jetzt auch ein medizinisches Phänomen. Dass er den Herzinfarkt im Oktober überhaupt überlebt hatte, war schon ein Wunder, aber dass das Herz wirklich keinen Schaden davongetragen haben sollte, war eigentlich unmöglich!

Pflege und Therapiemaßnahmen waren allerdings weiterhin erforderlich, schließlich war der durch Sauerstoffmangel entstandene Hirnschaden groß.

Diese Maßnahmen konnten jedoch größtenteils am Wohnort erfolgen, und somit blieb Gerd ein weiterer Aufenthalt in einer Rehaklinik erspart. In der häuslichen Umgebung sollte er sich auch körperlich wieder erholen und zur Ruhe kommen. Er konnte in seinem eigenen Bett schlafen und den Weg zur Toilette kannte er schon bald wieder allein, denn sein Orientierungssinn war nach wie vor hervorragend. Und so ließen auch die Angstpsychosen, unter denen wir bis dahin alle zu leiden hatten, sukzessive nach.

In den Therapien ließ er deutliche Fortschritte erkennen. So konnte er zum Beispiel einzelne Buchstaben entziffern und alle Zahlen lesen. Wunderbar! Wir schöpften wieder neue Hoffnung. Leider war aber trotzdem der körperliche Zerfall nicht wegzuleugnen. Seine aufrechte Haltung wurde immer gebeugter, seine Gangart langsamer, und seine ursprünglich unbändige Vitalität schwand zusehends.

Zwischen unseren Hoffnungen und Plänen
finden wir unsere Möglichkeiten.
  Sue Atchley Ebaugh

Ich glaube, als es ihm nach der anfänglich vorhandenen Euphorie darüber, dass er nicht mehr im Krankenhaus sein musste, gelang, seine Situation realistischer einzuschätzen, und er erkannte, dass er nie mehr seinen Beruf ausüben konnte, war sein Lebenswille gebrochen. Ganz besonders, als er dann noch innerhalb kürzester Zeit verrentet wurde, also von Amts wegen erwerbsunfähig eingestuft war, denn das bedeutete ja, dass niemand mehr an ihn glaubte. Von einem Tag auf den anderen wollte er nicht mehr zur Ergotherapie außer Haus gehen. Und wenn er endlich doch dort war, machte er einfach nicht mehr aktiv mit, sondern ließ alles mehr oder weniger über sich ergehen. Die Übungen, die er zu Hause machen sollte, vernachlässigte er völlig. Wenn ich ihn an sein Training erinnerte und ihm das Gerät in die Hand gab, warf er den Gummiball häufig voller Wut und Enttäuschung in die Ecke! „Was soll das noch bringen?", fragte er dann nur. „Es hat ja doch alles keinen Wert mehr!"

Da fiel mir die chinesische Ärztin wieder ein, die in der Schweizer Klinik am ehesten Zugang gefunden hatte zu Gerd. Sie führte einen Doktortitel in westlicher Medizin und praktizierte gleichzeitig auch Akupunktur nach TCM. Als ich mit ihr Kontakt aufgenommen hatte, machte sie kurzfristig einen Termin für Gerd frei, und so fuhren wir fortan regelmäßig am Freitagnachmittag wieder in die Schweiz zur Behandlung. Weil auch an mir die vielen Sorgen nicht spurlos vorübergegangen waren und sich immer wieder körperliche Beschwerden zeigten, begab ich mich ebenfalls bei ihr in Behandlung.

Allerdings drehten sich auch bei meinen persönlichen Terminen unsere Gespräche fast ausschließlich um Gerd. Solange es ihm schlecht ging, konnte auch ich nicht gesund sein. Frau Dr. Wang meinte einmal, wenn es Gerd nur gelingen könnte, seine Situation anzunehmen, könnte sogar eine Spontanheilung einsetzen. Dieser Gedanke beseelte mich fortan, weil ich darin eine gewisse Logik erkennen konnte. Bislang war es unser höchstes Ziel gewesen, Gerd das Leben zu ermöglichen, welches er vor dem Herzinfarkt geführt hatte. Und seine ganze Familie war traurig darüber, dass er nun so große Einschränkungen hatte und nicht mehr arbeiten und reisen konnte. Dabei hatte ihm sein altes Leben ja gar nicht die Erfüllung gebracht, von der er träumte, denn sonst wäre es vermutlich nicht zum Infarkt gekommen. Warum also wollte er unbedingt dahin zurück? Das erschien mir nun völlig verkehrt! Nein, er hatte ein zweites Leben geschenkt bekommen, und dieses neue Leben galt es nun aufs Beste zu gestalten! Das war ein völlig neuer Ansatz.

„Wenn die Raupe glaubt, ihr Leben sei zu Ende –
dann wird sie zum Schmetterling!"

Leider haderte Gerd nach wie vor mit seinem Schicksal. Er konnte und wollte sich nicht mit dem hilflosen Körper identifizieren, in dem er jetzt steckte, und sprach immer häufiger davon, bald „auf die andere Seite zu gehen". Ich redete auf ihn ein und sagte, wenn Gott gewollt hätte, dass sein Leben zu Ende sei, wäre dies am 25. 10. 2011 bereits geschehen, aber stattdessen hatte er eine zweite Chance erhalten. Doch dieser Gedanke vermochte ihn nur schwer zu trösten, denn während er den Herzinfarkt erlitt hatte Gerds Seele den Körper verlassen und er hatte das Licht gesehen in der anderen Welt, den Frieden gespürt und die Liebe erfahren, die in der lichtvollen, geistigen Welt herrschen, und es fiel ihm unsagbar schwer, zurückzukehren in die irdische Welt. Und nun musste er zusätzlich noch die körperlichen und geistigen Einschränkungen verkraften, obschon er mittlerweile keine Perspektive mehr für sich erkennen konnte. Die Sehnsucht seiner Seele nach Erlösung wurde ständig größer und ließ ihn immer wieder in tiefe Depression fallen.

Bei einer Seelenreise hatte er erfahren dürfen, dass seine verstorbene Großmutter ihn auf der Schwelle zwischen den Welten getröstet hatte mit den Worten „Ich liebe dich sehr, mein Junge, aber es ist noch zu früh. Deine Aufgabe ist noch nicht erfüllt. Geh zurück". Während auf der anderen Seite sein Sohn verzweifelt um das Leben des geliebten Vaters kämpfte. Aber beides war nicht ausreichend für ihn, und so befand er sich lange Zeit „in einem dunklen Loch", wie er es selbst später ausgedrückt hatte. Immer wieder sprach er von diesem dunklen Loch, in dem er festgesteckt hatte. Er konnte nicht vorwärts und wollte nicht zurück. Aber selbst nachdem ihm das bewusst wurde und er die

Situation mit seinen eigenen Worten beschreiben konnte, half es ihm nicht weiter, weil er sich mit dem Leben, das er jetzt führte, nicht identifizieren konnte.

Noch in der Reha hatte er den Wunsch gehabt, wieder zu arbeiten, und wenn er gekonnt hätte, wäre er direkt vom Krankenhaus zurück zur Firma gefahren und hätte dort seine Tätigkeit wieder aufgenommen. So viele Monate hatte ich ihm gewünscht, sein Traum würde in Erfüllung gehen. Hatte in der Kapelle im Krankenhaus Kerzen für ihn angezündet, den Erzengel Raphael angerufen und für Gerd gebetet. Bis ich irgendwann erkannte, dass es so nicht sein durfte! Wenn dies geschähe und Gerd wieder seine alte Tätigkeit aufnehmen würde, dann hätte er nichts aus allem gelernt. Dann hätte er das ganze Leid völlig umsonst erduldet!

Schließlich erleben wir solch extreme Situationen, um daraus zu lernen. Um unsere Schlüsse zu ziehen, wenn nötig umzukehren und einen besseren Weg einzuschlagen. Wir werden nicht aus einer Lebenssituation herauskatapultiert, um nach ein paar Monaten an der gleichen Stelle in der gleichen Weise weiterzumachen. OMG! Warum hatte ich so lange gebraucht, um das zu begreifen? Plötzlich war alles so klar. Ich war total erleichtert, konnte endlich wieder frei atmen und ließ Gerd an meinen neuen Erkenntnissen teilhaben. Voller Freude schilderte ich ihm immer wieder, was ich da endlich kapiert hatte, und war mir ganz sicher, dass wir beide jetzt über den Berg seien. Aber weit gefehlt. Gerd hörte sich alles an – und freute sich überhaupt nicht mit mir. Im Gegenteil. Es war ihm allenfalls lästig, dass ich ihn so bedrängte. Offenbar war ihm das alles schon lange vorher klar geworden, aber er konnte die Wahrheit nicht annehmen, und er wollte sich auch nicht helfen lassen. Er wollte kein neues Leben führen in „Erleuchtung", sondern er wollte sein altes Leben zurückhaben! Basta! Und wenn er das nicht kriegte, dann wollte er lieber „auf die andere Seite gehen". An diesem Punkt kamen wir natürlich nicht mehr weiter. Hier ging es nicht um Krankheit oder Schwäche, die es zu überwinden galt, sondern wir hatten es mit Gerds grenzenloser Sturheit zu tun. Hatte ich bis dahin zumindest angenommen. Später habe ich dann lernen dürfen, dass immer drei Dinge zusammenkommen müssen, damit sich etwas zum Besseren änderte:

Die Situation erkennen und realistisch einschätzen – das war ihm gelungen!
Zusammenhänge begreifen – auch die waren inzwischen bekannt.
Hilfe annehmen – und das konnte er eben noch nicht!

Gerd war ein Einzelkämpfer, immer schon gewesen. Bevor er jemanden um etwas bat, tat er es lieber direkt selber. Und jetzt war er auf Hilfe angewiesen? Das war völlig inakzeptabel, das ging einfach nicht. Er wollte keine Bürde sein und niemandem zur Last fallen. Und das schloss das Annehmen von Hilfe kategorisch aus!

Leider hatte ich das damals noch nicht gewusst. Deshalb lief ich parallel zu Gerds Sturheit zu großer Form auf, indem ich ein umfassendes Beschäftigungsprogramm entwarf. Ich vereinbarte für Gerd Termine beim Physiotherapeuten, der versuchte mittels Koordinationsübungen seine Gehirnhälften zu stimulieren, damit diese besser zusammenarbeiteten, und die Wahrnehmungsdefizite zu reduzieren.

Ich lud seine Freunde ein zu uns nach Hause, damit Gerd ein bisschen Abwechslung hatte und auf andere Gedanken kam.

Ich nahm ihn mit ins Schwimmbad, in der Hoffnung, dass er sich im Wasser körperlich freier fühlte und spontan wieder anfing zu schwimmen. Früher war Gerd so gut wie nie ins Schwimmbad gegangen. Aber er war ein sehr guter Sportler, war im offenen Meer geschwommen und hatte sogar den Tauchschein gemacht. All das waren doch beste Voraussetzungen, darauf konnte man doch aufbauen!

Im ersten Sommer freute er sich über die Besuche im Freibad, traute sich ins bauchtiefe Wasser, und seine Freunde gesellten sich zu ihm ins Becken und animierten ihn zu Schwimmübungen. Allerdings war ihm schon anzumerken, dass es ihn große Überwindung kostete. Entweder war das Wasser zu kalt oder die Sonne zu heiß, bei schönem Wetter waren zu viele Kinder im Becken, und der ganze Tumult und die Geräuschkulisse flößten ihm Angst ein, sodass er es nicht lange im Wasser aushielt. Und so wurde es von Mal zu Mal schwieriger, ihn zum Mitkommen zu bewegen.

Im zweiten Sommer versuchte er es erst gar nicht mehr. Er wollte sich auch nicht in den Schwimmbad-Kiosk setzen, um dort etwas zu trinken. Natürlich war er sich seiner Unzulänglichkeiten bewusst und genierte sich auch vor seinen Freunden, weil er nicht mehr der Alte war! Er brauchte Hilfestellung beim Essen und konnte nicht verhindern, dass hin und wieder etwas vom Teller oder vom Besteck herunterfiel. Für ihn war die Formel ganz einfach: Er war nicht mehr erfolgreich – also hatte er versagt!

Erschwerend kam dazu, dass meine spirituellen Lehrer mich immer wieder ermahnten, ich dürfe nicht die Kontrolle über Gerds Leben übernehmen. Vor allem müsste ich mein Leben leben und nicht seins. Das hörte sich in der Theorie ganz schlüssig an. Aber wie konnte ich da eine Grenze ziehen? Gerd konnte ja nicht selber Termine für sich vereinbaren. Er konnte keine Telefonnummer eintippen, um irgendwo anzurufen. Er wusste nicht, wie spät es war, konnte also nicht pünktlich losgehen, er wusste nicht einmal, welcher Tag heute war, und er war nach wie vor nicht in der Lage, sich selbst anzukleiden, sein Hemd zuzuknöpfen, Schuhe zu binden und was sonst noch alles dazugehörte. Also musste ich ihn doch unterstützen! Also wo hörte die Hilfestellung auf und wo fing die Bevormundung an?

Selbstverständlich hatten wir uns auf vieles schon längst eingestellt, indem wir zum Beispiel sein Schuhwerk umgestellt hatten auf Slippers. Damit kam er noch am besten zurecht, und trotzdem steckte manchmal der linke Schuh am rechten Fuß. Er merkte dann zwar, dass da etwas nicht stimmte, korrigieren konnte er es aber nicht allein.

Auch wenn er es selber nicht sehen konnte, wollte er doch immer wissen, was er anhatte. Seine Hemden von Paul Smith, seine Levi's-501-Jeans, seine Jacke von Banana Republic. Und den allergrößten Wert legte er auf seinen Lieblingsduft von Gucci und seine Rado Jubilé am Handgelenk. All diese Dinge hatte er in seinem „früheren Leben" selbst angeschafft auf seinen vielen

Reisen. Mit schöner Regelmäßigkeit brachte er einen neuen Duft mit aus dem Duty-free-Shop und beschenkte auch seine Lieben immer sehr großzügig.

Nun, offensichtlich gab ihm das Kraft, und so las ich ihm immer die Etiketten vor von allem, was er anzog, damit er sich wohler fühlte.

Gerd hatte sich die letzten Jahre über seine Arbeit identifiziert. Hier suchte und fand er Anerkennung. Mit äußeren Statussymbolen hatte er sein Auftreten unterstützt. Und tatsächlich war er auch sehr erfolgreich im Job, bei seinen Kunden nicht nur beliebt, sondern vor allem respektiert. Viele forderten immer wieder explizit ihn an, weil sie wussten, dass man sich auf seine Arbeit verlassen konnte. Aber im Inneren war dies immer noch nicht genug. Es reichte nicht, es reichte nie, weil er sich selber die Anerkennung nicht geben konnte. Und so hatte er jetzt das Gefühl, versagt zu haben. Er hatte nicht einen tragischen Herzinfarkt erlitten und jetzt die Chance auf ein neues Leben, nein, er hatte versagt!

Zu dieser Erkenntnis gelangte ich natürlich nicht allein, sondern in vielen Gesprächen mit den wunderbaren Menschen, die uns auf unserer Reise zur Heilung immer wieder begegneten.

Seine Arbeit hatte ihm das Herz gebrochen, und doch wollte er lieber heute als morgen dahin zurück und seine Tätigkeit wieder aufnehmen. Wenn er Kontakt hatte mit seinen früheren Kollegen, zum Beispiel anlässlich der Weihnachtsfeier oder anlässlich eines Grillfestes, konnte er schon zwei Nächte vorher nicht mehr schlafen und war hinterher total aufgewühlt. Also suchten wir nach einem Weg, aus dieser Spirale herauszukommen. Zunächst hielt Frau Heinz Gerds Wunsch, zu seinem Arbeitgeber zurückkehren zu wollen, für positiv, weil ihm das Antrieb und Kraft gab für weitere Therapien!

Irgendwann wurde uns dann aber klar, dass das Gegenteil der Fall war. So sehr er sich Begegnungen mit seinen Kollegen wünschte, so sehr wurden dadurch immer wieder alte Traumata aktiviert. Und deshalb freute ich mich sehr, als Gerd begann, verstärkt andere Pläne zu schmieden, und davon träumte, sein eigenes Geschäft aufzubauen. Vielleicht wollten wir irgendwo in der Karibik ein einfaches Geschäft eröffnen? Der Phantasie waren keine Grenzen gesetzt. In solchen Gedanken konnte Gerd aufgehen. Hier konnte er neuen Mut schöpfen. Frei nach dem Motto „Dream Big" – ALLES IST MÖGLICH!

Doch bis dahin war es noch ein weiter Weg. Wegen seiner starken Halluzinationen konsultierten wir erneut Frau Heinz. Sie wendete bestimmte Handgriffe an, um Auge und Gehirn besser zu vernetzen, mit dem Ziel, die ankommenden Informationen in der Schaltzentrale besser zu verarbeiten.

Oft wusste Gerd nicht, wo er überhaupt war. Er tastete sich dann vorsichtig durchs Haus und fragte immer wieder: „Wo bin ich?" Wenn wir ihm sagten, er sei zu Hause, konnte er das nicht glauben und reagierte ärgerlich. Oder er verlangte zu wissen: „Wie komme ich hier raus?" Durch die Sehstörungen konnte er seinen Augen nicht trauen, durch das Aufmerksamkeitsdefizit musste er an seiner eigenen Erinnerung zweifeln, und zusätzlich hatten die Tabletten, die er zur Verhinderung von Krampfanfällen einnehmen musste, große Auswirkungen auf seine Psyche.

Sein Zustand war für Gerd erniedrigend. Er konnte einfach nicht damit zurechtkommen, dass er jetzt auf Hilfe angewiesen war!

Als Gerd noch in der Schweizer Klinik war, vertrat die behandelnde Ärztin, Frau Dr. Wang, ja die Meinung, dass das Verständnis da sei, auch organisch sei Gerd wieder gesund. Wenn er nur einsehen würde, dass sein Leben sich grundlegend verändert hatte, und er bereit sei, diese Veränderung zu akzeptieren, könne es sogar zu einer Spontanheilung kommen! Sie meinte auch, dass die Halluzinationen nachließen, sobald er sich daheim wieder geborgen fühle, weil er sich dann in Sicherheit wisse. Zu der Spontanheilung war es leider nicht gekommen, aber sie hatte trotzdem Recht behalten. Die Situation hatte sich insgesamt wesentlich verbessert, seit er nicht mehr in der Rehaklinik war. Gerd war weniger aggressiv und entspannte sich im häuslichen Umfeld zusehends. Von unserem Hausarzt wurde Gerd sehr gut betreut, und wir wussten, wir waren auf dem richtigen Weg.

Bei einer weiteren Seelenreise im Mai 2012 fügte sich wieder ein weiteres Puzzlestückchen dazu. Hier erfuhren wir, dass Gerd und ich in früheren Leben seit vielen Jahrhunderten Rivalen waren. Er hatte mir Gewalt angetan, ich hatte schwarze Magie angewandt, so hatten wir uns gegenseitig Schaden und Schmerz zugefügt. Doch inzwischen war es egal, wer wem was angetan hatte, denn in der Gegenwart konnten wir dieses Thema jetzt lösen und das Karma löschen, sodass es hiermit endete!

Die Schamanin erzählte weiter, im jetzigen Leben wären wir absolut gleich stark. Ich sei auf die Welt gekommen mit dem Wunsch, „frei" zu sein. Gerd übte jedoch auch als kranker Mensch nach wie vor Macht aus über mich, daher müssten wir uns jetzt unbedingt trennen. Ich dürfe nie wieder Entscheidungen an seiner Stelle treffen; er müsse jetzt selber Verantwortung übernehmen für sich und sein Leben.

Als die Schamanin dann aber beim nächsten Termin Gerd zu sehen bekam, musste sie ihren Rat dann doch revidieren. Bei der ersten Behandlung war Gerd nicht dabei gewesen, und so hatte sie nur seine Energie wahrnehmen können. Und diese Energie war nach wie vor ungebrochen und stark. Als sie ihn nun persönlich erblickte und seine geschwächte körperliche Erscheinung und Hilflosigkeit sah, konnte sie einsehen, dass ich Gerd so nicht im Stich lassen durfte. Sie sagte selber, dass mich das innerlich zerreißen würde! Sofern es meine Kräfte überhaupt zuließen, dürfe ich ihm auch helfen. Ich musste ihr aber versprechen, unbedingt Freiräume für mich zu schaffen.

Bei Gerd konnte sie ganz viele Schmerzblockaden feststellen. Als sie seine Füße energetisieren wollte, klagte er über „hier ist etwas" am Hals. Hierauf konnte sie am Hals eine Blockade lösen, mit der ganz viel Schmerz abfließen durfte.

Später an diesem Tag bekam Gerd einen Krampfanfall. Sein ganzer Körper krampfte und zuckte, die Augen waren weit aufgerissen und traten aus ihren Höhlen. Sein Anblick machte uns Angst. Nach einer halben Stunde hatte er den Anfall überstanden, hatte sich dabei aber an der Schulter verletzt, und wir brachten ihn zum Röntgen ins Krankenhaus. Glücklicherweise war nichts gebrochen oder ausgerenkt, die Schmerzen aber blieben ihm.

Als er wieder bei Bewusstsein war, sagte er: „Ich will nie wieder zu der alten Frau!" Damit meinte er wohl die Schamanin. Er hatte sie zwar nicht sehen können – denn dann hätte er wissen müssen, dass sie nicht alt war –, hatte aber ganz offensichtlich ihre alte Seele gespürt.

Nach vielen Seelenreisen und Beratungen wurde mir klar, dass es Menschen auf dieser Erde gibt, die helfen können, die Vergangenheit zu heilen, andere sehen die Zukunft. Und obschon wir immer nur in der Gegenwart leben, war es wichtig, beides zu verstehen. Denn dann ließ sich so eine heftige Situation wie die unsere viel besser erklären. Wir lebten seit dem 25. 10. 2011 von einem Tag auf den anderen, versuchten aus jedem Lichtblick neue Hoffnung zu schöpfen, und immer wieder fügte sich eine neue Erkenntnis zu unserem Wissen dazu. Der Weg der Erkenntnis ist ein langer, der Weg der Vergebung ein lebenslanger Prozess. Aber wir alle waren nicht zum ersten Mal auf dieser Welt. Jeder hatte seine Aufgabe. Und wie in der Schule wachsen diese Aufgaben mit jedem Leben. Wir befanden uns nicht mehr im „spirituellen Kindergarten". Und so schwer im Moment auch alles sein mochte, war doch ganz klar: „Nichts geschieht ohne Grund."

Und so setzten wir die Therapien fort. Gerd erhielt Akupunktur, die die Kommunikation seiner Hirnhälften weiter verbessern sollte; Ergotherapie zur Verbesserung der Motorik, Physiotherapie zum Aufbau des Muskel- und Bänderapparates. Zusätzlich wurden mit Hilfe von Spagyrik Blockaden in der Pflanzenseele gelöst.

Alles mit dem Ziel, dass Gerd die Krise überstehen und wir beide gestärkt daraus hervorgehen würden.

Die Tarotkarten, die ich regelmäßig zurate zog, sagten: „Heilung steht bevor!" Wir waren also auf dem richtigen Weg.

Termin bei Frau Heinz am Sonntag, 22. 07. 2012

Mit Hochspannung fieberten wir diesem Tag entgegen. Jetzt waren die sechs Monate um, seit der ersten Behandlung damals in der Rehaklinik, und wir hofften immer noch auf eine wundersame Genesung. Die Realität holte uns in dem Moment ein, als Frau Heinz feststellte, Gerd sei schon einen sehr weiten Weg gegangen. „Erinnern wir uns daran, dass kein Arzt uns Hoffnung gemacht hatte! Seine weiteren Fortschritte kann nur er allein bestimmen, indem er aktiv an seinen Therapien mitarbeitet und gewillt ist, gesund zu werden. Bis in einem Jahr wird er wieder am Arbeitsleben teilnehmen können, in welcher Form allerdings, das wird sich dann erweisen." Dies waren ihre Worte.

Zu mir persönlich sagte sie noch, ich selber dürfe loslassen und wieder Freude am Leben haben. Sie gab mir eine Qi-Creme, die ich in ein morgendliches Ritual mit einbeziehen sollte, um mein Energielevel zu erhöhen.

Was sie aus geistiger Sicht für Gerd und für mich tun konnte (geistige Wirbelsäulenaufrichtung), hatte sie getan; hier war eine Wiederholung nicht möglich oder sinnvoll.

Alles Weitere müssten Gerd bzw. ich selber tun. Das war für uns beide sehr ernüchternd. Irgendwie hatten wir geglaubt, wir sehen Frau Heinz nach sechs Monaten wieder und Gerd ist gesund! Aber da gingen unsere Vorstellungen mit denen von Frau Heinz wohl doch sehr auseinander.

Ich hatte mich zu diesem Zeitpunkt mit dem Gedanken getragen, meinen Fuß operieren zu lassen, weil ein Hallux Valgus mir sehr zu schaffen machte. Sie meinte jedoch, das wäre jetzt ein sehr ungünstiger Zeitpunkt, denn es sei wichtig, dass ich mobil bliebe. Mein persönliches Wohlergehen sei jetzt wichtiger als Gerds! Aber wie passte das eine mit dem anderen zusammen? Ich verstand es nicht. Damit meine Gedanken sich nicht ständig im

Kreis drehten und um einen besseren Überblick zu bekommen, praktizierte ich ein Loslass-Ritual mit Hilfe einer roten Kerze:

Ritual zur Auflösung alter Verbindungen

Wenn dich mit bestimmten Menschen heftige Gefühle verbinden, die sich nicht erklären lassen, so kann dies ein Zeichen sein, dass es sich um eine alte Verbindung aus früheren Leben handelt. Statt diese Gefühle in aller Heftigkeit auszuleben, kannst du die darin gebundene Energie mit der gleichen Kraft auflösen, sodass du dich nicht wieder von Neuem in die alten Verstrickungen begeben musst. Dazu folge diesem Ritual:
Nimm dir Zeit und Ruhe für dich. Schaffe dir einen geschützten Raum. Zünde eine rote Kerze an. Sprich ein kleines Gebet mit dem Inhalt, dass die Kraft der rubinroten Quelle dir den Weg leuchten möge, beispielsweise: „Elohim, Tranquilius und Pazifika, verbindet mich mit dem Strom des rubinroten Lichtes und der göttlichen Kraft. Die Kerze zünde ich an, um alte Verbindungen und alte Verträge zu lösen, die mir nicht mehr dienlich sind. Begleitet und beschützt dieses Ritual. Danke."
Stelle dir ein silberblaues Licht um dich herum vor, in dessen Aureole du geschützt bist. Nimm dir einen Zettel und einen Stift. Schreibe zu Anfang folgenden Text: „Ich möchte die alten Verbindungen und Verträge mit … (Name des/der Menschen, der Gruppe) endgültig lösen. Ich bin bereit."
Lege nun eine Hand auf dein Herz. Konzentriere dich auf den/die Menschen/Gruppe, mit der du alte Verbindungen und Verträge lösen möchtest. Es können Verbindungen und Verträge aus diesem oder früheren Leben sein.
So kann es beispielsweise sein, dass du irgendwann einmal in einer früheren Zeit ein Keuschheitsgelübde abgelegt und einem Menschen auf Leben und Tod versprochen hast, nur ihr/ihm treu zu sein, oder du hast ein Bettelmönchgelübde geleistet oder einen Glaubensschwur, einen Bluts-, Rache-, Gruppen- oder Clanschwur, etwa gegen die Gemeinschaft der Männer und Frauen. Hast vielleicht eine schwarzmagische Handlung zum Schaden eines anderen vollzogen. Hier gibt es unzählige Möglichkeiten. Solche Handlungen erzeugen Karma, Schicksal, das über den Tod hinaus wirkt. Als Information sind sie in deinen Zellen enthalten und können dich unter Umständen davon abhalten, in dem jetzigen Leben glücklich, gesund, reich etc. zu werden.

Lasse die Bilder und Gefühle kommen, die im Zusammenhang mit diesen Menschen bestehen. Sprich dreimal laut: „Ich bin jetzt bereit, die alten Verbindungen und Verträge mit ... (Namen) zu lösen". Dann beginne zu schreiben. Schreibe alles auf, was dir in den Kopf kommt. Es können Sätze sein, unzusammenhängende Worte, einzelne Worte, auch Dinge, die scheinbar nichts mit der Sache zu tun haben. Lasse dich nicht beirren. Schreibe fünf Minuten lang, ohne nachzudenken und den Verstand einzuschalten. Gib einfach alle Gefühle, die dich mit diesen Menschen verbinden in den Brief. Wenn du das Gefühl hast, es ist alles gesagt, bitte darum, die Verbindung/ den Vertrag endgültig auflösen zu dürfen. Wenn du bereit bist, verbrenne den Brief. Nimm dazu die Kerze, die du für dieses Ritual angezündet hast. Vergrabe die Asche anschließend oder streue sie in ein fließendes Gewässer oder in den Wind. **Wisse, es ist geschehen.**
Manchmal steigen anschließend noch Gefühle auf, vielleicht Angst, Unsicherheit, Alleinsein etc. Wenn du dies spürst, so nimm noch einen Zettel und schreibe wieder so lange, bis sich das Gefühl in dir beruhigt. Verbrenne diesen Zettel ebenfalls, wenn du bereit bist. Wisse, es ist geschehen. Alte Verträge sind gelöst. Du hast damit Platz geschaffen, dass etwas Neues geschehen kann. Alte gebundene Energie ist gelöst. Nicht nur für dich, sondern auch für den/die anderen.

Auszug aus „Die Karten des roten Strahls" – Elohim, Tranquilius & Pazifika

So oft es mir möglich war, habe ich in meinen geliebten Büchern weitergelesen, und so stieß ich irgendwann auf die Krafttierkarten von *Jeanne Ruland*. Es wurde mir eine liebe Gewohnheit, wann immer ich Hilfe und Unterstützung von der lichtvollen geistigen Welt brauchte, auch nach dem Krafttier zu fragen, welches mich im entsprechenden Zeitraum begleitete, und so zog ich am 3. September 2012 diese Karte:

Luchs
Neues Bewusstsein
Es ist Zeit, Bilanz zu ziehen und das Alte zu bereinigen – es kann jetzt endgültig überwunden werden. Es wartet Arbeit auf dich, Arbeit an dir selbst. Betrachte jedoch Schwierigkeiten nicht als auf dich bezogen,

sondern als Lehrstunde, welche dir hilft, dich neu auszuloten und das Gleichgewicht in dir wiederherzustellen. Altes macht Platz für Neues. Der Luchs kündigt eine große Veränderung und Neuerung in deinem Leben an. Der nächste Schritt steht bevor.

Als ich diese Botschaft las, dachte ich über mein Leben nach und sah meine Situation plötzlich aus einem anderen Blickwinkel. Ich durfte mich jetzt nicht verrennen und unsere Zukunft von Gerds Genesung abhängig machen. Ich wollte mir einen besseren Überblick verschaffen, um zu sehen, wie unser Leben weitergehen sollte. Und dazu besuchte ich ein dreitägiges Seminar bei *Jana Haas*.

Als ich am ersten Tag nach Herdwangen fahren wollte, hatte ich solche Schmerzen in meinem linken Arm, dass ich kaum das Lenkrad festhalten konnte. Ich wählte den Weg über die Dörfer statt über die Bundesstraße, und obwohl ich hier schon oft unterwegs gewesen war, schaffte ich es prompt, mich zu verfahren! Schon wollte mich der Mut verlassen, und ich überlegte kurz, einfach das Seminar ausfallen zu lassen und nach Hause zurückzukehren. Aber dann hielt ich unterwegs an, um nach dem Weg zu fragen, und kam irgendwie doch noch pünktlich an. Die meisten Plätze waren schon belegt, und ich musste mir zwischen den rund vierzig Teilnehmern einen freien Stuhl suchen. Dabei hatte ich ein derart grimmiges Gesicht aufgesetzt, dass meine Nebensitzerin erschreckt zurückwich, als ich mich grußlos neben ihr niederließ. Wehe, es wagte einer mich anzusprechen!

Als *Jana Haas* den Raum betrat, wurde es mucksmäuschenstill, und neununddreißig Gesichter strahlten sie an. Ich saß immer noch völlig genervt auf meinem Platz und fragte mich, wie ich auf die Idee gekommen war, hier teilzunehmen. Ich hatte doch viel Wichtigeres zu tun! Ich sollte bei Gerd sein, anstatt mich hier von frommen Sprüchen einlullen zu lassen! Wenn jetzt noch eine Gruppenübung kam, dann wollte ich aufspringen und gehen!

Trotzig hob ich meinen Kopf und blickte zum Dachfenster über mir hinaus – als just in dem Moment ein Falke darüber hinwegflog! Freiheit – das ist es, was ein Vogel symbolisiert. Ich hatte die Freiheit, genau da zu sein, wo ich wollte! Ich musste über meinen eigenen Trotz lachen und blieb.

Als ich dann abends noch auf www.shantila.de die passende Krafttier-Karte zog, wollte ich meinen Augen nicht trauen, als ich die entsprechende Botschaft las:

Falke
Schnelligkeit
Ein großartiger Tierverbündeter kreist jetzt über deinem Leben. Schärfe deine Sinne, erweitere deinen Blick. Beziehe die spirituelle Ebene in deine Angelegenheiten mit ein; jene Ebene, welche jenseits von Raum, Zeit, Tod, Leiden, Krankheit und Alter existiert. Ein Wink des Schicksals bringt in deinem Leben eine neue, unerwartete, lichtvolle, Erfolg versprechende Wende. Siegreiches Gelingen begleitet dich jetzt.

Am nächsten Morgen konnte ich es kaum erwarten, wieder nach Herdwangen zu fahren, und es war nicht weiter verwunderlich, dass die Themen heute und an allen Tagen perfekt auf meine Situation zugeschnitten schienen. Ich lernte viel über das, was mit Gerd geschehen war, und noch viel mehr über mich selbst.

Es ging um Vertrauen, Vertrauen in sich selbst. Und dieses Vertrauen ist immer verwurzelt in der Selbstliebe. Wer sich selbst nicht liebt, kann auch niemand anderen lieben und hat kein Vertrauen ins Leben.

Um dieses Vertrauen zu stärken, bot Jana eine einfache Übung an:

In den Bauch atmen, zur Ruhe kommen.
Aus dem Wurzelchakra eine Lichtsäule in den Himmel aufsteigen lassen. Vielleicht erscheinen in dieser Phase vor dem geistigen Auge Bilder, wenn nicht, ist das nicht weiter wichtig, denn die Erkenntnis offenbart sich zu gegebener Zeit. Wichtig ist nur, dass keine Wunschbilder herbeigesehnt werden, denn diese könnten vom eigenen Ego verfärbt sein und in die Irre führen.
Wenn Unsicherheiten auftreten sollten, bewusst tief atmen und seinen Bauch fragen: „Ist dieses Bild stimmig für mich?"

Ich wollte von nun an versuchen, meine Spiritualität zu leben, diese bewusst in meinen Alltag einzugliedern, indem ich täglich mit der geistigen Welt korrespondierte. Dies kann in Form von einfachen Gebeten geschehen oder einfach, indem man seine Gedanken mit der lichtvollen geistigen Welt teilt.

Jana erklärte hierzu sinngemäß:

Ein spiritueller Mensch muss nicht immer lächelnd durchs Leben gehen. Er muss sich weder durch äußere Kennzeichen zu erkennen geben noch als Eremit im Wald leben. Jeder Mensch hat seine eigenen Aufgaben zu bewerkstelligen. Er darf seine Spiritualität leben und in die Gesellschaft einbringen. Spiritualität kommt aus dem Herzen und hat nichts mit dem Intellekt oder mit Religion zu tun.
Das Leben ist sowohl als auch, und nicht entweder oder!

Im Laufe des Seminars erzählte Jana auch, dass es immer wieder vorkomme, dass Personen nicht zum Seminar erschienen, obwohl sie sich ursprünglich angemeldet hatten. Manche wurden überraschend krank, oder berichteten von einem Auto, das einfach nicht hatte anspringen wollen, oder von anderen Hindernissen, die es zu überwinden galt. Ich fühlte mich regelrecht ertappt und schmunzelte, als ich mich an die heftigen Schmerzen in meinem linken Arm erinnerte, und daran, wie ich mich verfahren hatte, dann aber doch noch rechtzeitig wenn auch übellaunig in Herdwangen ankam.

Sie erklärte, hier sei unser persönliches Ego am Werk, das unsere Weiterentwicklung verhindern wolle. Der Geist will stetig wachsen. Das Unterbewusstsein hat jedoch Angst, dadurch die Kontrolle zu verlieren, und will uns gleichzeitig vor Schaden bewahren, denn im Unterbewusstsein liegt die Summe aller Erfahrungen, gute wie schlechte, und somit ist es auch ein Teil unserer Seele.

Dieses Gebet hilft:

*Liebes Unterbewusstsein, du musst mich nicht schützen.
Wir sind von den Engeln göttlich beschützt und behütet.*

In meiner persönlichen Schutzengelbotschaft erfuhr ich, dass es für mich an der Zeit war, den nächsten Schritt zu tun. Dabei sollte ich meinem Herzen folgen.

Unzufriedenheit versperrt dabei den Weg zu Glück und Erfolg. Deshalb sollten wir dankbar sein für alles Gute und Schöne in unserem Leben und die Unzufriedenheit loslassen. Dadurch wird Raum geschaffen für neue Ideen, und jeder kann selber aktiv mitwirken an der Gestaltung seines lichtvollen Lebenswegs.

Das Schicksal steht zwar festgeschrieben, aber in unendlich vielen Variationen! Jeder entscheidet selber, ob er an einer roten Ampel anhält oder weiterfährt, ob er an einer Kreuzung links oder rechts abbiegt, und schlägt damit eine Richtung ein. Ebenso verhält es sich mit jedem Gedanken, den wir haben. Indem wir unsere Gedanken liebevoll halten, bleiben wir im Licht. Wenn wir uns aber selber beschimpfen, indem wir zum Beispiel sagen: „Ach bin ich dumm! Wie konnte mir so etwas Blödes nur passieren?", machen wir uns dadurch selber klein. Und damit ist niemandem gedient!

Wut ist eine zweischneidige Waffe, die immer auch uns selbst verletzt. Und auf jemanden einen Hass zu haben, ist, als ob man sich selber vergiftet und hofft, der andere würde daran Schaden nehmen!

Unser freier Wille ist Gottes Geschenk an jeden Einzelnen. Die lichtvolle geistige Welt wird sich niemals in unsere Entscheidungen einmischen, um damit einen Fehler zu verhindern. Denn in jeder vermeintlichen Fehlentscheidung steckt Potenzial zur persönlichen Weiterentwicklung. Wie oft schon hat sich ein „Fehler" im Nachhinein als Segen erwiesen? Zumindest aber als Lehrstunde, wenn wir denn daraus gelernt haben.

Deshalb dürfen wir Gott immer um Hilfe bitten, die Entscheidung zu treffen, die für uns am lichtvollsten ist, aber Gott wird uns niemals eine Entscheidung abnehmen! Sogar sich davor zu drücken, bedeutet in Wahrheit, eine Entscheidung zu treffen. Nämlich die, sein Schicksal nicht selbst bestimmen zu wollen, sondern von anderen bestimmt zu werden!

Deshalb bestimmen wir an jedem neuen Tag unser Schicksal aufs Neue! Und wie *Doreen Virtue* immer so schön sagt: „Da du nun schon mal auf dieser Welt bist, kannst du auch das Beste daraus machen!"

Mit diesem ganzen wunderbaren Wissen fuhr ich nach drei Tagen glücklich wieder nach Hause. Ich wusste, welche Aufgaben auch immer auf mich zukommen würden, ich war ihnen gewachsen!

Glücklicherweise hatte ich dieses eine Mal auf mein Herz gehört, denn diese Woche war lebenswichtig für mich. Ich hatte so viel Schönes gehört. Ich hatte so viel (vor allem über mich selber) lernen dürfen. Es waren ausschließlich liebevolle Menschen da gewesen, und wir alle wurden von dieser universellen Liebe getragen.

Durch Jana Haas' Anwesen fließt ein Bach, und es gibt dort ein Lichttor, durch welches man in die Akasha-Bibliothek gelangen kann. Zu dem Zeitpunkt fühlte ich mich noch absolut unwürdig, in dieses Heiligtum einzutreten, in dem das gesamte Wissen beider Welten aufbewahrt wurde, und ich war mir sicher, dass ich dort nichts zu erwarten hatte. Umso überraschter war ich, als ein Hermelin als Krafttier mit mir zusammen die Stufen zur Bibliothek erklommen hat. Leicht wie ein Wiesel hüpfte es die Stufen hoch und war doch immer unmittelbar bei mir. Im Buch konnte ich nicht wirklich etwas lesen, doch allein das Gefühl, dass es auch ein Buch für mich gab, und das Bild der Gottesmutter Maria, das sich mir zeigte, erfüllten mich mit Freude, und Tränen des Glücks schossen mir in die Augen.

Nach dieser Woche hatte sich mein Leben mit Gerd im Äußeren nicht verändert, aber ich fühlte mich von einer Zentnerlast befreit, alles fiel mir leichter als zuvor, und ich wusste, ich hatte die Kraft, alles zu meistern! Ich war göttlich beschützt und behütet und befand mich auf dem rechten Pfad.

Wir hatten den nächsten Behandlungstermin erst für Anfang Dezember vereinbart, doch so lange hielt ich es nicht mehr aus, und deshalb fuhren Gerd und ich am 19. 11. 2012 nach Luxemburg in die Praxis von Frau Heinz. Ich war so lange geduldig gewesen, hatte quasi zweimal sechs Monate gewartet, und wollte nun endlich hören, dass Gerd JETZT wieder gesund würde!

Weil die Anreise doch ziemlich lange dauerte und ich Gerd nicht zu viel zumuten wollte, fuhren wir schon am Vortag und mieteten uns unterwegs in einem Wellnesshotel ein, damit wir am nächsten Morgen dann nicht mehr allzu weit zu fahren hatten zur Praxis. Es war immer ratsam, reichlich Zeit einzuplanen, denn zum einen war es meist recht schwierig, Gerd morgens überhaupt aus dem Bett zu kriegen. Und fürs Duschen und Anziehen brauchten wir viel Zeit. Wenn ich mich zuerst fertig machte und dann ihm half, war ich hinterher von der Anstrengung schon wieder nass geschwitzt. Wenn ich ihn zuerst fertig machte, blieb mir selbst nur wenig Zeit, weil er dann immer schon gleich losziehen wollte und mich hundertmal fragte: „Gehen wir jetzt?" Und das war nervig und setzte mich unnötig unter Druck.

Jedenfalls wollten wir das Beste aus der Situation machen und gönnten uns ein schönes Abendessen im Luxemburger Hof. Gerd freute sich sehr darüber, mal wieder in einem noblen Restaurant zu sein, und genoss das Essen sichtlich, wenn er auch Mühe hatte, die kunstvoll angerichteten Speisen zum Mund zu führen. Er konnte nach wie vor nicht mit Messer und Gabel essen, weil es mit der Koordination einfach nicht klappte; die linke Hand benutzte er kaum noch.

Nach dem Abendessen gingen wir direkt aufs Zimmer und schliefen erschöpft ein. Am nächsten Morgen hatte ich – wie erwartet – viel Mühe, Gerd zum Aufstehen zu bewegen. Noch viel mehr entmutigte mich allerdings die Feststellung, dass er vom Zweck unserer Reise gar nichts mehr zu wissen schien, und so hatte er auch keinerlei Interesse, aufzustehen und irgendwo hinzugehen. Als er sich dann schließlich doch überwinden konnte und wir gemeinsam in den Frühstücksraum des Hotels gingen, grüßten uns die Kellner freundlich. „Kennst du dich hier aus?", fragte mich Gerd nur, der sich wunderte, dass ich so zielstrebig an einen Tisch steuerte. „Waren wir hier schon mal?" Es tat mir weh, ihm sagen zu müssen, dass wir hier vor wenigen Stunden ein schönes Abendessen eingenommen hatten, und begreifen zu müssen, dass er überhaupt nichts davon in Erinnerung hatte.

Frau Heinz teilte sich eine stylishe Praxis mit einem praktischen Arzt, das Interieur bestand fast ausschließlich aus glänzendem Chrom und Glas. Das alles wirkte wahnsinnig beeindruckend auf mich, gleichzeitig passte es aber so gar nicht in mein persönliches Bild von Frau Heinz.

Auch nahm unser Behandlungstermin einen Verlauf, den ich so nicht vorgesehen hatte. Anstatt der erhofften „Gesundsprechung" erwartete mich ein 45-Minuten-Psycho-Gespräch (nerv!). Ich müsse jetzt endlich mein eigenes Thema angehen, mein Leben leben, mich von Gerd lösen, und dafür gab es eine einfache Lösung, nämlich ihn ins Heim geben! Darauf war ich nicht gefasst gewesen, ich wusste gar nicht, wie mir geschah. Ich konnte den Ausführungen von Frau Heinz längst nicht mehr folgen, hatte nur noch dieses Bild von Gerd in einem Pflegeheim vor Augen. Das kam für mich überhaupt nicht infrage!

Irgendwie war jetzt die Situation völlig gekippt und das Vertrauensverhältnis abhandengekommen. Aber was hatte ich eigentlich erwartet? Ich hatte Gerd ja Tag für Tag erlebt und bereits gesehen, dass die erhofften Fortschritte so nicht eingetreten waren. Hatte ich geglaubt, wenn wir nun die Praxis betreten, würde das Wunder geschehen und Gerd als gesunder Mensch dastehen? Ja, irgendwie schon. Ich hatte ein Wunder erwartet und fest daran geglaubt. Aber Frau Heinz wollte nichts mehr davon wissen und ermahnte mich nun streng, künftig mehr für mich zu sorgen und Gerds Pflege geschultem Personal zu überlassen! Das tat weh und erschien mir wie ein Verrat, den Frau Heinz an uns beiden begangen hatte. Leider konnte ich ihr das nicht ins Gesicht sagen, dazu war ich viel zu gehemmt, und es fehlten mir auch schlicht die Worte, und so versuchte ich nur noch, so würdevoll wie möglich diese Begegnung hinter mich zu bringen.

Nach einer kurzen Energiebehandlung für Gerd und der Verordnung verschiedener Nahrungsergänzungsmittel im Wert von 212 Euro haben wir Luxemburg verlassen und sind nie wieder dahin zurückgekehrt! Den für Anfang Dezember vereinbarten Folgetermin habe ich abgesagt.

Damit war das Kapitel Julia Heinz abgeschlossen.

Und dann kam Brigitte in unser Leben

Schon vor etwa zwei Jahren wurde meine Freundin zu einer Geburtstagsfeier nach Neuhausen eingeladen, und sie hatte mich gebeten, sie zu begleiten. Ich tat es nicht, weil ich es unmöglich finde, zu einer Party noch weitere Personen mitzubringen, die der Gastgeber gar nicht kannte. Und jetzt, geraume Zeit später, tauchte plötzlich erneut ihr Name auf, und ich erfuhr, dass Brigitte Heilpraktikerin war und eine enge Beziehung mit den Engeln pflegte. Ich folgte einem inneren Impuls und vereinbarte einen Termin in ihrer Praxis.

Brigitte konnte sich mit dem Einverständnis des Patienten Zugang zum Unterbewusstsein verschaffen und so die Menschen auf wunderbare Seelenreisen mitnehmen, um hier die Ursache für Blockaden zu finden und zu lösen. Sie stellte fest, dass Gerd im Alter von zwei Jahren und achtzehn Jahren durch traumatische Erlebnisse jeweils einen Seelenteil verloren hatte. Sich von einem Seelenteil zu trennen ist für einen Menschen manchmal der einzige Weg, überhaupt weiterzuleben, wenn er mit dem Erlebten ansonsten nicht mehr fertigwürde, weil es einfach zu schrecklich und grausam war.

Außerdem konnte sie karmische Verstrickungen zwischen Gerd, seinem Vater und seinem Großvater lösen, welche Gerds Leben bislang negativ beeinflusst hatten. Das Gefühl, nicht gut genug zu sein, nie zu genügen, egal wie sehr man sich auch anstrengte und dabei verausgabte, ohne dafür jemals eine Wertschätzung zu erhalten, konnte sie nun löschen. Gerd hatte in dieser Beziehung zwar schon viel geschafft, aber jetzt war er endlich frei und konnte versuchen, sein Schicksal besser anzunehmen. Nicht mehr unter dem Aspekt, „versagt zu haben", sondern im Wissen, Karma gelöst zu haben, welches sich über Generationen aufgebaut hatte, und damit nicht nur sich selber, sondern seiner ganzen männlichen Familienlinie geholfen zu haben.

Außer den Seelenreisen bei Brigitte erhielt Gerd nun Akupunkturbehandlungen bei unserem wunderbaren Hausarzt, der ihn außerdem mit homöopathischen Mitteln versorgte zur Stärkung des Urvertrauens, während sich bei mir immer mehr „Zipperlein" zu wirklichen gesundheitlichen Problemen entwickelten. Ich war extrem kurzatmig, und meine Galle verursachte Schmerzen. Immer wieder erlitt ich eine Kolik. Eine Niere arbeitete nur noch zu 30 %. Lunge und Nieren befinden sich jeweils auf beiden Körperhälften und stehen somit für die Partnerschaft. Meine Partnerschaft schnürte mich offensichtlich mehr ein, als ich bereit war, zuzugeben, und deshalb verweigerten nun genau diese entsprechenden Organe teilweise den Dienst.

Mit Hilfe von Meditation und Gebeten erkannte ich, ich darf meine Freiheit hier und jetzt leben und nicht irgendwann, wenn alle anderen so weit sind. Ich musste also nicht darauf warten, bis zum Beispiel die Kinder groß waren, Gerd gesund war, die Finanzen gut. Denn würde ich auf diesen Tag warten, wäre ich nicht frei, sondern allein.
Frei war ich JETZT.

Gottes Geschenk an die Menschen ist der freie Wille. Und so darf jeder Mensch jeden Tag aufs Neue entscheiden, wie er sein Leben fortsetzen will.

Vor diesem Hintergrund nahm ich im Dezember 2012 die Einladung von Familie Rice an und verbrachte den Jahreswechsel erneut in Chicago. Daniela hatte sich während ihres Auslandspraktikums mit Danny angefreundet und den Kontakt auch nach der Rückkehr nach Deutschland aufrechterhalten. Dannys Familie lebte in einem prächtigen Haus in einem Vorort von Chicago, und ich bewohnte dort ein schönes Gastzimmer. Zusammen mit Daniela erlebte ich ein paar sehr angenehme Tage. Obwohl das Wetter recht kühl und stürmisch war im Dezember, konnten wir einiges unternehmen. So gönnten wir uns einen Tag im Spa von Margaret Astor und hatten viel Spaß dabei, Parallelen zum Filmklassiker „Jumpin' Jack Flash" mit Whoopi

Goldberg heraufzubeschwören. Als wir auf dem Weg zum Spa dann noch eine Frau im „Whoopi-Look" gekleidet entdeckten, war der Tag perfekt.

Dannys Familie war tagsüber bei der Arbeit, und wir hatten das Haus für uns. Nach dem Frühstück spazierten wir mit dem Familienhund um den Block und bestaunten dabei die herrlich dekorierten Häuser und Vorgärten, die alle in weihnachtlichem Glanz erstrahlten. Wir aßen im *Whole Foods* zu Mittag, und abends gingen wir mit Danny aus.

Am Weihnachtstag war die ganze Familie eingeladen, und es wurde eine große Party gefeiert. Bei der Gelegenheit konnte ich dann alle Onkel und Tanten, Cousins und Cousinen und natürlich auch die liebe Oma kennenlernen. Wir hatten ein großes Paket *Nürnberger Lebkuchen* mitgebracht und verteilten diese „Goodies" gerne. Eine herrliche, unbeschwerte Zeit.

Ich hatte das Buch „Rauhnächte" von *Jeanne Ruland* mitgenommen und stimmte mich jeden Abend passend zu den verschiedenen Themen ein. In den dazugehörigen Meditationen drehte sich alles um das Thema „Vertrauen". Vertrauen finden zu mir selbst, Vertrauen zu Gott, Vertrauen ins Leben und darin, dass sich alles zum Besten lichtvoll entfaltet.

Was ich nicht wusste, war, dass Gerd zur gleichen Zeit wieder im Krankenhaus war. Er hatte einen erneuten Krampfanfall erlitten und musste vom Notarzt versorgt werden. Mein Schatz Justin hatte mir diese Information bewusst vorenthalten, weil er wusste, dass ich Erholung dringend nötig hatte. Und was hätte ich auch tun können? Meinen Urlaub abbrechen und vorzeitig nach Hause fliegen? Bis der Flieger gelandet wäre, hatte sich Gerd bereits wieder erholt. Gott sei Dank.

Daniela hatte von unseren Gastgebern eine silberne Kette geschenkt bekommen mit einem Spruch dabei:

„Always shoot for the moon.
Even if you miss, you will land among the stars."

Dieser Spruch sollte für 2013 mein Motto sein!

Sobald ich wieder zu Hause war, setzten wir Gerds Therapien fort.
Ab März 2013 waren sowohl Gerd als auch ich regelmäßig in Behandlung bei Brigitte Maier. Brigitte war hellsichtig und konnte zusätzlich zu ihrer Arbeit als Heilpraktikerin auch Seelenreisen durchführen. Ich erwartete diese Reisen immer schon sehnsüchtig.

Brigitte hatte zunächst bei Gerd alle Hirnteile benannt und abgefragt, alle waren funktionstüchtig! Nichts war wirklich kaputt, beschädigt oder durchtrennt, sondern mehr oder weniger immer noch ohne Bewusstsein. Das waren natürlich sehr gute Voraussetzungen für die Heilarbeit.

Außerdem hatte sie seinen Körper programmiert, damit dieser nur so viele Medikamente aufnahm, wie er tatsächlich brauchte, damit sich keine Schlacken und Ablagerungen in Leber und Nieren bilden sollten, die Gerd wiederum anderweitig schaden könnten.

Das Schönste aber blieb der Moment, wo Jesus selber bei einer dieser Heilungen zugegen war und zu Gerd gesagt hatte: „Hab Vertrauen, mein Sohn." Dass dies ein Schlüsselerlebnis war, war mir sofort bewusst, dennoch sollte es noch weitere zwei Jahre dauern, bis ich die wirklichen Zusammenhänge begriff.

Leider mussten wir immer wieder feststellen, dass Gerds Ego sich ganz besonders stur verhielt. So musste Brigitte die Resonanz mit seinem Vater und seinem Opa wiederholt löschen; die Verbindung und das Karma, welches Gerd auf sich genommen hatte, um es auch für seine Vorväter zu tilgen, waren ganz besonders stark, hatten sie sich doch über viele Leben manifestiert.

Brigitte konnte sehen, dass Gerds Vater und Großvater aus dem Krieg viel Leid und Schmerz mitgenommen hatten. Als sie aus der alten Heimat vertrieben wurden und sie flüchten mussten, ist das Herz dort zurückgeblieben. Dadurch hatte es sich verschlossen und eine Mauer aufgebaut. „Nichts fühlen" war plötzlich nötig, um zu überleben. Nur funktionieren! Trotzdem niemals gut genug sein!

Gerd war in einem früheren Leben einmal ein großer Heiler gewesen, der ganz viele Menschen mit seinem großen Herzen geheilt hatte. Jetzt war es seine Aufgabe, sein eigenes Herz zu heilen und damit das Karma von Vater und Großvater aufzulösen.

Justin hatte ihn nach dem Herzstillstand zurückgeholt. Seine Seele hatte damals schon seinen Körper verlassen, und er fühlte nun eine große Sehnsucht nach der Freiheit auf der anderen Seite. Seine Oma hatte ihn zurückgeschickt: „Ich liebe dich sehr, aber es ist noch zu früh für dich", waren ihre Worte an den Enkel.

Bei dieser Seelenreise flossen bei Gerd viele Tränen, was immer ein Zeichen für Heilung ist.

Die Ausgangssituation hatte bestanden aus Verzweiflung, Angst, Schock, Wut und Selbstvorwürfen. Gerd fühlte sich wertlos. Er war wütend, weil sein Körper nicht mehr so funktionierte, wie er es gewohnt war. Er fühlte sich als Belastung für seine Familie. Nun galt es, sich selber zu vergeben!

Mit der Zeit war er bereit und willens, sich so anzunehmen, wie er jetzt war, Selbstliebe zu entwickeln und dadurch zu heilen.

Sehr erfreulich war außerdem, dass sich sein Gesichtsfeld zumindest auf einem Auge um 8 % verbessert hatte. Wie viel besser dadurch sein Sehvermögen wurde, ließ sich nicht beurteilen. Wir konnten aber feststellen, dass dies auch immer tagesformabhängig war. Bei den mechanischen Vorgängen wie An- und Ausziehen konnte ich jedoch leider keine Verbesserung feststellen.

Seine Sehnsucht nach der anderen Seite war nach wie vor groß und echt, und dennoch hatte er vor dem Sterben selber große Angst.

Tatsächlich wurde er immer wieder von dem Gefühl: „Ich bin es nicht wert, ich bin nicht gut genug" überschwemmt, und so war es natürlich sehr, sehr schwer für Gerd, sein Herz zu spüren und nach seinem Herzen zu handeln.

Bei der vierten Behandlung am 29. 07. 2013 kamen eine blaue Brille, eine Stimmgabel und die Klang-Liege zum Einsatz. Dabei konnten wir feststellen, dass Gerds Herz gesund war, Leber und Nieren zu 50–60 % arbeiteten und seine Medikamente gut eingestellt waren. Brigitte ließ in der Apotheke eine Spagyrik-Lösung, speziell auf Gerds Bedürfnisse abgestimmt, zusammen mischen, die er dann einnehmen sollte.

Auszug aus Wikipedia:
Heute werden auch verschiedene Heilsysteme zusammenfassend mit dem Begriff Spagyrik bezeichnet. Das therapeutische Ziel ist die positive Beeinflussung einer imaginären „Lebenskraft" und damit die Aktivierung der Selbstheilungskräfte. Der theoretische Hintergrund ist bei den unterschiedlichen spagyrischen Richtungen nicht einheit-

lich. Grundlage bilden Vorstellungen aus der antiken Naturphilosophie (z. B. „Elementenlehre"), die Signaturenlehre und Vorstellungen aus der Humoralpathologie.

Für Spagyrika, die heutzutage von der pharmazeutischen Industrie hergestellt werden, konnten bisher weder Daten zur Wirksamkeit über eine Placebowirkung hinaus noch eine plausible Wirkungshypothese erbracht werden. Auch die Stiftung Warentest sieht die therapeutische Wirksamkeit für kein Anwendungsgebiet belegt.[1]

Zusätzlich gab uns Brigitte noch ein Lavendelöl mit, zum Einreiben auf der Haut. Lavendel entspannt und beruhigt und unterstützt dadurch den Heilungsprozess.

Die Videobotschaft „Jenseitige Welten" von *Jana Haas* brachte uns weitere Erkenntnisse zum Thema

Vertrauen. *Dafür sind wir geboren. Den Mut aufzubringen,*
noch mehr ins Licht zu schauen und loszulassen,
Angst wie einen Lichtmantel abzulegen.
Hier erkenne ich meine Lebensaufgabe.
Den Zwang ablegen, immer recht haben zu müssen.
Und schließlich zu verstehen, alles geht vorüber!

Wir folgerten daraus, dass Gerd jetzt sein Herz wieder spüren konnte, hören konnte, was sein Herz ihm sagte.

Nach der Behandlung hat er den Rest des Tages und die folgende Nacht bis zum nächsten Mittag fest geschlafen.

Am Samstag war Gerd immer noch ganz benommen und leicht verwirrt, dafür am Sonntag schon um 5 Uhr wach und auch geistig den ganzen Tag über rege. So konnte er im Fernsehen ein Formel 1 Rennen verfolgen und machte sich anschließend allein auf den Weg ins Sportheim. Unterwegs wurde er von zwei guten Bekannten angesprochen, die sich zunächst wunderten, Gerd ohne Begleitung auf der Straße anzutreffen. Sie führten eine kurze freudige Unterhaltung mit ihm, bevor sie ihren Spaziergang fortsetzten. Leider konnte sich Gerd aber auch diesmal später nicht an das Zusammentreffen erinnern.

Am Montagabend meldete sich ein lieber Kollege telefonisch bei Gerd und kündigte an, ihn tags darauf abzuholen, um eine neu erstellte Fertigungshalle zu besichtigen.

Beim Besuch in seiner alten Firma konnte er noch weitere Kollegen treffen und einige davon sogar wiedererkennen. Die Freude war entsprechend groß.

Am Mittwoch wachte Gerd dann prompt mit den Worten auf: „Oh Gott, habe meinen Flieger verpasst!" Er stand unvermittelt auf und suchte nach seinem gelben Reisekoffer. Er erlebte eine herbe Enttäuschung, als ich ihm klarmachen musste, dass er nicht auf Geschäftsreise gehen würde.

Ein paar Tage später schreckte er nachts auf und sagte: „Oje, ich hatte so einen Horrortraum. Ich war im Geschäft und hab den Müller gesehen." „Warum war das Horror?", wollte ich wissen. „Na ja, alle haben gearbeitet, und ich bin halt so rumgetappt!", war seine ernüchternde Antwort.

Und so wechselten sich Freude und Angst, Hoffnung und Entmutigung ständig ab. Unser Leben fühlte sich an wie eine Achterbahnfahrt, mit unendlich vielen Höhen und Tiefen.

Die Sitzungen beim Ergotherapeuten hatte Gerd nun für eine Zeit lang eingetauscht gegen eine Reittherapie in Heudorf. Das Reiten brachte nicht nur Abwechslung in seinen eintönigen Alltag sondern gleich mehrere wertvolle Eigenschaften mit sich:

„Sich tragen lassen, Körperkoordination und Gleichgewicht trainieren; sich fallen lassen, statt Kontrolle haben zu müssen."

Außerdem gehörte es zu Gerds Aufgaben, sein Reittier auch zu pflegen. Er sollte das Pferd striegeln und abreiben, satteln und später auf die Koppel bringen. Gerd sollte eine Beziehung aufbauen zu dem Tier, Verantwortung für ein Lebewesen übernehmen, was ihn aus seiner eigenen Hilflosigkeit befreien könnte. Das waren viele wertvolle heilende Aspekte, nur war das durch Gerds stark ausgeprägte Wahrnehmungsstörungen fast nicht praktikabel. Wenn er die Bürste nicht richtig in der Hand hielt, konnte er dem Pferd damit wehtun, und was würde passieren, wenn das Pferd deshalb ausschlug? Insgesamt also ein sehr gewagtes Unterfangen. Aber wenn er hoch zu Ross im Sattel saß, dann strahlte er und wirkte so glücklich, dass es das Risiko und die Mühe wert war.

Justin und ich wechselten uns so gut wie möglich ab, damit wir Gerd nach Heudorf fahren konnten. Aber schon die Frage, wie er sich einkleiden sollte, war immer schwierig zu beantworten. Er selbst konnte nicht richtig einschätzen, ob er eine dicke oder dünne Jacke tragen sollte, damit er sich wohlfühlte. Und wenn es unterwegs anfing zu regnen, konnte er sich nicht schützen. Erkälten sollte er sich aber ebenso wenig, denn das war für sein Herz ein Risiko. Und so mussten wir auch hier drei Stunden Aufwand einkalkulieren, damit er dreißig Minuten auf dem Pferd zubringen konnte.

Häufig musste ich Justin auch bitten, für mich einzuspringen, weil ich doch nicht pünktlich von der Arbeit wegkam und dann durch den Feierabendverkehr zusätzlich noch viel zu viel Zeit benötigte, sodass ich niemals pünktlich mit Gerd zur vereinbarten Zeit auf dem Reiterhof gewesen wäre. Und wenn ich es völlig abgehetzt und unter Zeitdruck doch noch schaffte, übertrug sich meine Nervosität auf Gerd, und das Reiten hatte keinerlei entspannende Wirkung mehr auf ihn. Ihm war ja bewusst, dass wir das alles nur für ihn taten und er trotzdem immer noch nicht gesund war! Also wozu überhaupt die ganze Mühe? Diese Sichtweise war natürlich total unwirklich, denn es lag ja nicht an Gerd, dass ich es nicht fertigbrachte, pünktlich Schluss zu machen! Er fühlte sich dennoch verantwortlich und unglücklich und wollte dann manchmal gar nicht mehr zum Reiten. Ein Teufelskreis!

Seine Therapeuten waren der Meinung, es wäre wichtig für Gerd, eine Motivation zu haben. Er brauchte ein Ziel vor Augen wie z. B. die Teilnahme am Jahrgängerausflug im kommenden Herbst. Seine Kameraden hatten ihn dazu eingeladen, denn schließlich hatte er ja den letzten Ausflug komplett selber organisiert und durchgeführt. Alle waren zutiefst erschüttert gewesen, als sie hörten, dass Gerd nur zwei Tage später diesen schweren Herzinfarkt erlitten hatte. Unvorstellbar! Ausgerechnet der starke, lebenslustige, allen Situationen gewachsene Gerd. Also erzählten wir ihm von der Einladung, und er war sofort Feuer und Flamme. Ich konnte mir allerdings nicht vorstellen, wie er die Busreise antreten sollte, ohne dass Justin oder ich ihn begleiteten. Die Kameraden meinten es sicher gut, aber sie wussten nicht, welche Verantwortung da auf sie zukäme.

Nun war es aber zuerst einmal Frühling, und mich packte die Sehnsucht nach Sonne und Meer, und so unternahmen wir eine Flugreise nach Florida. Gerd freute sich ganz besonders aufs Fliegen, war es doch früher ein fester Bestandteil seiner Welt gewesen. Justin hatte zwar grundsätzlich keine Lust auf Familienurlaub, aber er wollte seinen Daddy nicht im Stich lassen, und deshalb machte er sich mit uns zusammen auf die Reise. Und das war auch sehr gut so, denn ich weiß wirklich nicht, wie ich alles allein hätte stemmen sollen. Bereits die Anreise zum Flughafen mit dem ganzen Gepäck war eine Herausforderung. Entweder konnte ich die Koffer übernehmen oder mich um Gerd kümmern, aber beides zusammen war einfach nicht möglich. Es waren zwar Behindertentoiletten vorhanden, aber oft auf einem anderen Stockwerk oder gleich in einem anderen Terminal, auf jeden Fall meilenweit entfernt. Mit Gerd und Koffern die Rolltreppe hoch war nicht zu schaffen, der Lift schien grundsätzlich irgendwo architektonisch gelungen versteckt, und wenn ich ihn dann doch mal gefunden hatte, war dieser so klein, dass bei zwei großen Koffern und Handgepäck keine zwei Personen mehr darin Platz finden konnten, zumal eine behinderte Person sich nicht einfach in eine Ecke des winzigen Raums quetschen konnte. Das Ganze bedeutete für mich Stress, kostete mich Nerven und Schweiß. Meine Nervosität übertrug sich selbstredend auf Gerd, der dadurch verkrampfte, sprichwörtlich vor Angst erstarrte und in die Lifttür eingeklemmt wurde, worauf ich am liebsten heulend davongelaufen wäre.

Die Türen der Behindertentoiletten sind riesig, schließlich muss ein Rollstuhl hindurchpassen. Dadurch sind sie aber auch gewaltig schwer und mit einer Hand nicht zu öffnen, wenn man mit der anderen Hand noch eine Person festzuhalten hat. Der Toilettenraum selber ist mit allerhand Schnickschnack ausgestattet. Knöpfe und Schalter, die ein Alarmsystem auslösen sollen. Ganz toll. Was aber, wenn man diese Knöpfe nicht sehen konnte? Oder die Beschriftung daran nicht lesen konnte? Dann versagte das System kläglich. Hatte sich einer der Hightech-Architekten mal so eine Situation vorgestellt?

Auf jeden Fall war ich heilfroh, dass Justin dabei war und wir uns gegenseitig unterstützen konnten. Auch das Security Gate stellte eine Herausforderung dar. Gerd wurde angewiesen, sich mit den Füßen auf die Markierungen am Boden zu stellen. Welche Markierungen? Er konnte sie schließlich nicht sehen. Ich wollte ihm natürlich zu Hilfe kommen, wurde aber zurückgehalten. Minutenlang wurde er am Scanner festgehalten, mit hochgehaltenen Armen, panisch aufgerissenen Augen, bis jemand ein Einsehen hatte und ihn von Hand durchsuchte.

Der Flug selber verlief glücklicherweise ruhig. Gerd schlief die meiste Zeit und mit dem Essen in den Aluschalen auf den engen Plätzen kamen wir einigermaßen zurecht. Der Flug führte von Stuttgart über Atlanta nach Fort Myers, FL.

Bei der Einreise in Atlanta ging es uns richtig gut. Wir hatten bei der Fluggesellschaft Hilfe angefordert, und so erwartete man Gerd schon mit einem Rollstuhl direkt am Flieger. Erst dauerte es eine ganze Weile, bis er auf dem Gefährt Platz genommen hatte, aber dann ging es zügig mit einer Angestellten vom Bodenpersonal direkt zum Band, wo wir unsere Koffer entgegennehmen mussten, durch die Zollkontrolle und zur erneuten Gepäckaufgabe, danach im Eilschritt quer über den riesigen Flughafen, vorbei an allen Absperrungen, durch versteckte Türen, menschenleere Gänge entlang, bis wir nach wenigen Minuten schon wieder am Gate für unseren Anschlussflug angekommen waren! So schnell war ich noch nie in die USA eingereist. Häufig musste man bei der Immigration lange Wartezeiten in Kauf nehmen, die uns diesmal mit Gerds Hilfe erspart geblieben waren.

Nach weiteren anderthalb Flugstunden landeten wir planmäßig in Fort Myers, wo wir ein Mietauto reserviert hatten.

Einmal mehr war ich erleichtert, dass Justin uns begleitete, denn so war es einfach leichter, den Weg von der Ankunftshalle zur Autovermietung zu finden und sich zu später Stunde nach einer ermüdenden Reise mit einer Angestellten auseinanderzusetzen, ob man nun ein GPS brauchte oder nicht.

Es war schon spät am Abend, und die Angestellte hatte uns gewarnt, dass das Wohngebiet, in welchem unser Ferienhaus stand, nur unzulänglich ausgeleuchtet wurde. Energiesparen wurde in Florida zwischenzeitlich ganz groß geschrieben. Aber dass auch die Straßennamen nirgends zu finden waren, damit hatten wir nicht gerechnet. Und so fuhren wir mit unserem Jeep immer und immer wieder um den Block. Aber da, wo das Navi verkündete: „Sie sind am Ziel", standen keine Häuser! Zum wiederholten Mal setzte ich mit dem Wagen zurück, um in einer Einfahrt zu wenden, als ich plötzlich die Zahl las, die über dem Garagentor angebracht war: exakt unsere Hausnummer, nur die Straße hieß anders! Das konnte kein Zufall sein! Wir stellten das Auto in der Einfahrt ab, ließen den aufgeregten Gerd im Fahrzeug zurück und liefen zur Haustür. Das Haus war dunkel, auf unser mehrmaliges Klingeln reagierte niemand, also wagte ich es, den Schlüssel, den wir im Briefkasten gefunden hatten, ins Schloss zu stecken. Der allerdings passte nicht. Ach du Schreck! Was, wenn nun ein Alarm ausgelöst wurde und plötzlich Security hier aufkreuzte? Wie sollten wir erklären, dass wir uns an einer fremden Haustür zu schaffen machten, nur weil die Nummer über der Garage mit unserer Adresse übereinstimmte? Aber es passierte nichts. Also fassten wir neuen Mut. Irgendwann entdeckten wir ein Zahlenschloss neben der unbeleuchteten Haustür, kannten aber den Code nicht. Deshalb untersuchten wir nun die Garagentür näher. Wir hatten zwar die Scheinwerfer des Wagens darauf gerichtet, aber diese blendeten mehr, als dass sie uns leuchteten. Glücklicherweise ließ sich der Schlüssel, den wir zuvor im Briefkasten gefunden hatten, im Schloss der Garagentür drehen, und das Tor fuhr mit lautem Getöse nach oben. Wir waren erleichtert, und gleichzeitig war uns doch sehr mulmig zumute. Wir kamen uns eher wie Eindringlinge vor und nicht wie angemeldete Hausgäste. Wir ertasteten den Lichtschalter in der Garage und wagten uns durch die offene Verbindungstür ins Haus. Als immer noch keine Alarmanlage ertönte, fuhren wir den Jeep in die Garage, und Gerd konnte endlich auch aussteigen. Tapfer hatte er bis dahin im Auto allein ausgehalten!

Das Haus war riesengroß, wunderschön eingerichtet und hatte im Backyard einen großen beheizten Pool, der durch ein Moskitogitter geschützt war, sodass wir auch nachts noch im Schein der bunten Lichterketten, die den Garten umsäumten, gefahrlos draußen sitzen oder schwimmen konnten. Und das war auch gut so, denn ansonsten konnten wir nicht allzu viel miteinander unternehmen. Wenn wir an einen der zahlreichen wunderbaren Sandstrände fuhren, kostete es viel Mühe, Gerd überhaupt dazu zu bewegen, seine Schuhe auszuziehen und barfuß zu laufen. Von einem Spaziergang im Wasser wollte er gleich gar nichts wissen. Ich hoffte immer noch, dass Gerd vielleicht in die Gegenwart zurückkehren würde, wenn er den weichen Sand unter den Füßen spürte, die Wellen an seine Beine schwappten, er das Rauschen des Wassers hörte … aber es hatte eher den Anschein, als mache ihm das alles Angst. Noch vor wenigen Monaten hätte ihn niemand davon abhalten können, sich direkt in die Fluten zu stürzen, aber diese Zeiten waren ganz offensichtlich für immer vorbei!

Wenn wir abends in einer einfachen Strandbar gegessen hatten und anschließend noch bei Livemusik und einem Drink den Sonnenuntergang beobachten wollten, quengelte er wie ein kleines Kind und wollte nach dem Essen sofort nach Hause. Das war natürlich in jeder Hinsicht frustrierend. Aber während ich mich noch mit einem guten Buch trösten konnte, war es für Justin so ganz allein ohne seine Freunde ein echtes Zugeständnis, dass er seine Ferien mit seinen Eltern und trotzdem so eintönig verbrachte.

Ich glaube, die meiste Freude hatte Gerd tatsächlich im Flugzeug. Vielleicht keimte da die Erinnerung an sein früheres Leben am ehesten wieder auf und auch die Erwartungen, was passierte, wenn er aus dem Flieger stieg. Vielleicht schöpfte er einfach immer wieder Hoffnung, dass er als gesunder Mann aussteigen, in ein Auto einsteigen und in eine neue Zukunft losfahren konnte, oder einfach zurück in sein altes Leben.

Leider hatte ihm die Florida-Reise nicht dazu verhelfen können, trotzdem spürten wir, dass es richtig war, die Reise zu unternehmen.

Engelspruch vom April 2013:
Sei jemand, der seine Träume verwirklicht.
Wenn du eine Traumvorstellung hast, so gehe ihr nach und teile sie auch anderen Menschen mit. Je mehr du darüber sprichst, umso mehr wird es deine Wirklichkeit. Rede davon, sei in Verbindung mit allem, was dich umgibt, übergebe in einem Gebet deinen Wunsch an die Engel und bitte für die Erfüllung.

Jana Haas, Engelbotschaften

Es gilt:
Nicht „Ich glaube es, wenn ich es sehe", sondern „Wenn ich es glaube, werde ich es sehen!"

Nach der Rückkehr aus Florida ließen wir auch weiterhin nichts unversucht, um Gerd so viel Lebensfreude wie möglich zu schenken, und so war es selbstverständlich, dass Gerd mit zu einer Musikveranstaltung auf den Honberg gehen sollte. Den Fußweg auf den Berg hinauf konnte er zwar nicht mehr bewältigen, aber wir konnten ja den Festival-Bus nutzen und uns nach oben fahren lassen, sodass es nur noch wenige Hundert Meter zu laufen waren. Er freute sich schon im Voraus riesig auf das Ereignis. Weniger auf das Konzert selber als auf die Menschen, die er dort antreffen könnte. Immer wieder sagte er: „Bin gespannt, wer alles da ist!" Und tatsächlich trafen wir seinen früheren Chef an, der zu uns herüberkam und Gerd freundlich begrüßte. Anstatt sich nun aber wie gewohnt mit ihm zu unterhalten, wurde Gerd wahnsinnig nervös. Seine Schultern verkrampften sich, und er spreizte seinen linken Arm völlig unnatürlich vom Körper ab. Auch sein Chef fühlte sich sichtlich unwohl und war mit der ganzen Situation überfordert. Irgendwann klopfte er Gerd dann kameradschaftlich auf die Schulter und meinte: „Aber da haben wir doch schon ganz andere Kartoffeln aus dem Feuer geholt! Das wird schon wieder!" Und Gerd antwortete unbeholfen: „Na ja, hoffen wir es mal." Bis zu dem Zeitpunkt hatte ich Gerds Chef immer sehr geschätzt, aber mit diesem Satz hatte er sich für alle Zeiten disqualifiziert. Da stand ein ehemals wertvoller Mitarbeiter, einer, den er nach seinen eigenen Worten überall hinschicken konnte, der für die Schreibtischarbeit zu schade und „sein Mann für die ganz heißen Brandfälle" war – und nun, da dieser Mensch nur noch ein Schatten seiner selbst war, behindert und hilflos vor ihm stand, fielen ihm bloß lapidare Sprüche ein! Am liebsten hätte ich ihn angeschrien, ob er sich eigentlich selber zuhört, was er da von sich gibt, aber auch diesmal blieben mir die Worte im Hals stecken. Bevor die Situation noch grotesker werden konnte, sprang von irgendwoher der Kollege hervor, welcher Gerd damals in der Früh-Reha besucht hatte. Nach einem kurzen Hallo wandte er sich seinerseits an seinen Chef, um schon im nächsten Satz zu geschäftlichen Themen überzugehen. Gerd und ich wurden einfach stehen gelassen. Wut und Hass, aber auch Schmach und Pein waren mir in die Glieder gefahren, Gerd zitterte und begann zu weinen. Ich glaube hier hatte er zum allerersten Mal wirklich erkennen müssen, dass es den alten Gerd nicht mehr gab und er in „seiner Firma" keine Rolle mehr spielte. Im Gegenteil. Er war jetzt peinlich geworden! Vorher war er fünfzig Wochen im Jahr geschäftlich unterwegs gewesen. Wenn er denn einmal zu Hause war, klingelte zu jeder Mahlzeit sein Handy, denn irgendwo auf der Welt war immer gerade ein „Brandfall", der keinen Aufschub duldete. Eigentlich hätte „seine Firma" am Tag nach Gerds Herzinfarkt direkt schließen müssen, denn wie hätten sie ohne seine Arbeit weiter existieren können? Stattdessen spielte er keine Rolle mehr.

Er erhielt dann zwar noch regelmäßig Einladungen zum Grillfest im September oder zur Weihnachtsfeier. Aber auch hier war die Situation ganz ähnlich. Alle waren einfach nur überfordert und wussten nicht, wie sie sich Gerd gegenüber verhalten sollten.

Trotzdem freute er sich jedes Mal riesig auf die Veranstaltung, fragte immer wieder nach, welcher Tag denn heute sei und um welche Uhrzeit er denn abgeholt werde. Aber wenn der Tag dann gekommen war, war das Erlebnis mehr als ernüchternd. Hinterher war er tagelang deprimiert.

Als wir dies bei der nächsten Behandlung bei der Heilpraktikerin zur Sprache brachten, meinte sie, dass solche Besuche für Gerds Heilung kontraproduktiv seien. Während wir immer noch hofften, dass die aufkeimende Erinnerung eine Art heilsamen Schock auslösen würde, würden nur alte Traumata neu aktiviert! Schließlich kam Gerds Herzinfarkt damals nicht von ungefähr. Er hatte – bis auf die lange Erkältung vorher – keinerlei Krankheitssymptome gezeigt. Und seit der Stent gesetzt war, arbeitete das Herz auch wieder so einwandfrei wie vor dem dramatischen Ereignis. Eigentlich wäre nach einem so schweren Herzinfarkt damit zu rechnen, dass der Herzmuskel vernarbt wäre. Aber auch das war bei Gerd nicht der Fall. Auf dem MRT sah sein Herz kerngesund aus und zeigte auch absolut gesunde Werte.

Demnach war die Ursache eindeutig eine ganz andere: „Seine Firma" hatte ihm das Herz gebrochen! Nachdem er elf Jahre in den USA mehr oder weniger selbständig gearbeitet hatte und danach noch acht Jahre in Asien, wollte er nun gerne im Stammhaus eine entsprechende Arbeit übernehmen. Dies war aber nicht möglich. Nach der Krise 2008 wurde intern umstrukturiert, viele leitende Angestellte wurden freigestellt, und für Gerd war kein adäquater Platz frei. Stattdessen sollte er sich intern qualifizieren, indem er für zwölf Monate in der Montagehalle arbeitete. Danach erwartete ihn „vielleicht" eine Stelle im Projektbüro. Gerd war tapfer und hatte einen eisernen Willen. Er war bereit, dies alles mitzumachen, und wusste, dass er das durchhalten würde, obwohl er die erforderliche Qualifikation schon lange besaß. Wie sonst hätte er sich all die Jahre im Ausland beim Kunden direkt vor Ort behaupten können? Was es für ihn bedeutet haben musste, wenn immer wieder Mitarbeiter „seiner Kunden" ihn bei einer Maschinenabnahme in der Montagehalle entdeckten und nachfragten, was um alles in der Welt er denn hier mache, konnte ich nachfühlen, aber er versuchte es immer wieder so einleuchtend wie möglich zu erklären. Er wusste, dass ihm unrecht getan wurde, er wusste, dass er das nicht verdient hatte, redete es schön und belog sich damit selber. Diese andauernde Selbstlüge, zusammen mit der Angst, dass es nach den zwölf Monaten doch nicht anders würde, drückte ihm das Herz ab. Als dann noch die Erkältung nicht besser werden wollte und der Ärger dazukam, dass er – obschon doch offensichtlich noch nicht qualifiziert genug für die interne Arbeit – der Einzige war, der die Kunden in China und Thüringen zufriedenstellen konnte, sowie der Kollege, der ihn noch persönlich auszunutzen versuchte – die Summe dieser Faktoren war einfach zu groß und endete im Infarkt. Und trotzdem bedeuteten ihm diese Firma, dieser Job, diese Kollegen die Welt!

In den Behandlungen beim Heilpraktiker erfuhren wir noch viel mehr bzw. erhielten manchmal auch die Bestätigung für die Dinge, die wir schon wussten, aber nie verstanden hatten, nämlich warum Gerd bestimmte Eigenarten nicht abstellen konnte.

Eigentlich war das alles jetzt auch gar nicht mehr wichtig. Sondern es ging nun um das „Loslassen". *Jeanne Ruland* half uns mit ihrer wunderbaren Meditation dabei. „Loslassen und die Ereignisse auf der Bühne des Lebens löschen. Dem anderen vergeben, für alles, was er uns angetan hat, ob wissentlich oder unwissentlich. Und vor allem uns selbst vergeben! Vergib dir selbst und dem Leben. Befreie dich von altem Groll über Verletzungen und Ungerechtigkeiten der Vergangenheit. Man hat dich unterdrückt, und du hast dich zu sehr untergeordnet. Verzeihen und vergeben, nur so kann Heilung entstehen. Jetzt ist es an der Zeit, Zeit für den großen Wandel im Leben. Neues Selbstvertrauen gewinnen führt uns aus der Freudlosigkeit und aus der Opferrolle heraus."

In diesem Zusammenhang fiel mir auch die Schutzengelbotschaft wieder ein, die *Jana Haas* im Herbst 2012 für Gerd überbrachte: „Es ist an der Zeit zu sprechen."

Bei der nächsten Untersuchung durch Frau Dr. Wang in der Schweiz konnte diese feststellen, dass seine innere Wut abgenommen hatte, das Feuer nicht mehr so hell brannte, was ein sehr gutes Zeichen war. Dafür war seine innere Ruhe größer geworden. Die Seelenarbeit mit Hilfe von Gebeten und Meditationen war also erfolgreich. Schon seit einiger Zeit besuchten Gerd und ich regelmäßig einen Meditationszirkel und beschlossen jeden Tag mit einem Gebet.

Wenn Gerd beim Spaziergang von Bekannten angesprochen wurde, konnte er diese zwar visuell nicht erkennen, erinnerte sich aber an die Personen, wenn sie ihm ihre Namen nannten. Erzählten wir uns abends von solchen kleinen Episoden, hatte er allerdings schon wieder keine Erinnerung mehr daran. Der Arzt sprach hier von einem „Aufmerksamkeitsdefizit". Das hatte nichts mit Kurz- oder Langzeitgedächtnis zu tun, sondern man könne sich das vorstellen wie bei einem Computer, der in einem bestimmten Intervall die Arbeit abspeichert. Fällt der Strom zwischen zwei Intervallen aus, sind die Daten seit der letzten Speicherung unweigerlich verloren. Dagegen konnte sich Gerd alles, was mit Emotionen verbunden war, bestens merken. Deshalb war es besonders wichtig, ihm auf seine Fragen immer die Wahrheit zu sagen bzw. diese nicht aus falschen „gut gemeinten Gründen" zu beschönigen.

Wenn zu Hause das Telefon klingelte, nahmen wir meist das Gespräch an und reichten dann den Hörer direkt an Gerd weiter, damit er Gelegenheit hatte, sich mit seinem Namen zu melden und eine Unterhaltung zu führen. Er freute sich jedes Mal riesig und hatte dann Mühe, seinen Stolz zu verbergen, wenn ein Gespräch „geklappt hatte" und er anschließend eine Nachricht weitergeben konnte. Aber auch hier wusste er nach wenigen Minuten nicht mehr, ob das Telefon geklingelt hatte oder wer angerufen hatte.

In den Behandlungen tauchten immer wieder neue Aspekte auf, die aber alle auf das Gleiche hinausliefen. Offenbar war es nun Gerds Auftrag, sein Herz zu heilen, was bedeutete sich selbst so zu lieben, wie er (jetzt) war.

Regelmäßig besuchten Gerd und ich Seminare und Vorträge von *Jana Haas*. Parallel dazu meditierten wir fast täglich mithilfe wunderbarer CDs.

Jedoch wurde mir irgendwann klar, dass Gerd seine Erfahrungen in seinem eigenen Tempo machen musste. Ein „Crashkurs" trägt nicht zur spirituellen Entwicklung bei. Hier gibt es nun mal keine Abkürzungen. Ebenso sollte Gerd mehr Eigenverantwortung übernehmen. Ich durfte ihm nicht alle Entscheidungen abnehmen, auch wenn ich es eigentlich nur gut meinte.

Da der Kontakt zu seiner Ursprungsfamilie sehr dürftig war, fragten wir uns, ob er wohl seine Eltern brauchte, um seine Lebensaufgabe zu lösen. Die Antwort darauf war eindeutig: „Nein, er wäre während der Geburt am liebsten umgekehrt, als er erkannte, welches Schicksal er sich ausgesucht hatte!" So unglaublich das von Zeit zu Zeit für jeden von uns klingen mag, so sucht sich doch jede Seele ihre Lebensaufgabe und Lebensumstände selber aus, bevor sie inkarniert. Da hatte sich Gerd offenbar eine besonders schwere Aufgabe gestellt, und als er das im Moment seiner Geburt begriff, hätte er am liebsten alles rückgängig gemacht. Aber da war es schon zu spät.

In regelmäßigen Abständen stellte *Jana Haas* Videobotschaften ins Internet, die wir gerne verfolgten, um daraus zu lernen. Hier ein Auszug:

„Die Seele macht beim Sterbeprozess dieselben Schritte durch wie im Diesseits, geht also in Selbstreflexion, um zu erkennen oder zu begreifen, was passiert ist. In Zuversicht dürfen wir nach oben schauen, zur lichtvollen geistigen Welt. Denn wenn sich eine Tür schließt, muss sich eine noch bessere öffnen.
Hier ist nun die innere Haltung wichtig. Nach oben schauen, den Schutzengel annehmen. Manche werden auch von einer lieben Person, die vorangegangen ist, abgeholt.
Der eigentliche Erkenntnisprozess dauert beim einen Jahrhunderte, beim anderen nur Sekunden.

Vergeben. Sich fragen „Ist ein Mensch es mir wert, ihm NICHT zu vergeben?" Denn wenn ich nicht vergebe im Leben, muss ich mich genau mit diesem Menschen/Thema auseinandersetzen beim Sterbeprozess, also damit in Reflexion gehen. Deshalb: lieber im Leben Vergebung üben und loslassen.

*Bei einem **Nahtoderlebnis** wird die Lebensaufgabe betrachtet und geprüft, ob es sich lohnt, für die Erfüllung dieser Aufgabe noch einmal zurückzukommen."*

Gerd hatte sich geweigert, zu erkennen, was passiert ist, er hatte sich geweigert, sich mit seiner Aufgabe auseinanderzusetzen, und weigerte sich bis heute. Deshalb steckte er nach dem Infarkt so lange zwischen den Welten fest.

Justin hatte ihn zurückgeholt, und seine Oma hatte ihn gleichzeitig von der anderen Seite zurückgeschickt.

Zusätzlich hatte Jesus selber ihn aufgefordert: „Hab Vertrauen, mein Sohn."

*„**Vertrauen**. Dafür sind wir geboren. Den Mut aufzubringen, noch mehr ins Licht zu schauen und los[zu]lassen, wie einen Lichtmantel abzulegen. Hier erkenne ich meine Lebensaufgabe. Endlich den Zwang loslassen, immer recht haben zu müssen.*
Unser aller Ziel ist die All-Liebe, deshalb ist die höchste Erkenntnis die Liebe. Wie nah bin ich meiner Lebensaufgabe gekommen?"

Jana Haas beschreibt weiter die Entwicklung im Mutterleib:

„In der Zeit ab der Befruchtung bis zur siebten Schwangerschaftswoche inkarniert die Seele; bis zur 14. Woche spätestens der Geist, Geistesleib, diese drei Leiber entsprechen der Dreieinigkeit und sind durch die Chakren verbunden, die die drei Leiber zusammenhalten.

Ist die Seele noch nicht bereit, weil wir immer zwischen Angst und Liebe schweben, kann sie, statt zu re-inkarnieren, aufsteigen in die Engelhierarchien, um hier durch Beobachten noch zu lernen, bevor die Lebensaufgabe erneut angegangen wird.

In der Akasha-Chronik lebt unser Geist, von hier kommen unsere Einfälle, Hellwissen, Zwiegespräche mit unserem höheren Selbst.
Beim Aufstieg in den Himmel erscheint Erzengel Uriel.
Wenn wir an uns nicht zweifeln würden, wäre die Welt eine andere. Dann wären wir nicht bedürftig."

Jana erzählte in ihrem Vortrag auch, wie sie selbst drei Anläufe gebraucht hatte, bis sie sich traute, ins Licht zu sehen, obwohl die Engel ihr schon beim ersten Versuch Zugang gewährt hatten.

„Im Zweifel dürfen wir immer unsere Engel um Hilfe bitten und beten: Möge sich alles so entwickeln, wie es für mich und für alle Beteiligten lichtvoll und sinnerfüllt ist.
Und wissen: Auch das geht vorbei. Durch dieses Wissen wird alles leichter.
Wisse, es ist geschehen!
Wenn wir nichts mehr zu lernen haben, nicht mehr in Resonanz gehen, müssen wir diese Welt verlassen und somit Platz machen für andere."

Ich war von Janas Erzählungen so beseelt, dass ich den Mut fasste, ihr einen Brief zu schreiben und darin um Hilfe zu bitten für Gerd.

Schreiben an *Jana Haas* vom 01. 07. 2013

Liebe Jana,
ich habe schon ein paarmal deine Seminare besucht, und sie machten mich ganz glücklich. Dennoch habe ich es nie gewagt, dich anzusprechen, denn ich weiß, dass du keine persönlichen Heilungen mehr vornehmen kannst. Ich bitte heute um Hilfe für meinen Ehemann. Gerd hatte am 25. 10. 2011 einen schweren Hinterwandinfarkt und starb. Seine Seele hat seinen Körper verlassen, aber er wurde zurückgeschickt, weil es noch nicht Zeit für ihn war. Statt sich über seine neue Chance zu freuen, hadert Gerd mit seinem Schicksal. Sein Gehirn hat durch den langen Sauerstoffmangel Schäden davongetragen, und er kann nicht mehr das Leben führen, welches er gewohnt war. Nun weiß ich wohl, dass das einen tieferen Sinn hat. Aber Gerd will davon wenig wissen. Er steckt fest. Und daher bitte ich dich, ihm einen „Anstoß" zu vermitteln, der ihm hilft, sein neues Leben an-

zunehmen, seine Chancen zu sehen und seine Aufgabe zu erfüllen. Auch wenn ich Angst habe, dass er dann stirbt, wenn er diese Aufgabe erfüllt hat. Ich denke, es geht darum, sein eigenes Herz zu heilen.
Bei der Engelbotschaft im letzten September hast du ihm gesagt: „Du trägst in dir das Buch des Wissens. Es ist an der Zeit zu sprechen." Aber er spricht nicht. Ich weiß, er muss seinen Weg selber gehen, ich weiß, es gibt keinen Shortcut. Dennoch versuche ich alles, um ihn auf seinen Weg zu bringen. Bitte hilf uns, indem du ihm den Impuls gibst, seine Selbstheilung zu aktivieren. Ich danke dir!
Karla

Ich freute mich sehr, als Jana antwortete, dass sie Gerd in ihre Gebete einschließe.

Zwischendurch gab es immer wieder Phasen, in denen Gerd sagte: „Ich gehe jetzt bald." Auf die Frage „Wohin?" meinte er nur: „Auf die andere Seite." Er sagte nie, ich werde bald sterben oder ich möchte sterben, sondern benutzte immer diesen Begriff „auf die andere Seite gehen". Vor seinem Herzinfarkt hatte ich das noch nie von Gerd gehört, diese Umschreibung passte so ganz und gar nicht zum „alten" Gerd. So wurde auch dieser Umstand einmal Thema einer Heilbehandlung, bei der wir dann herausfinden mussten, dass ihm sein Wunsch zu sterben sehr ernst war. Er hatte am Tag des Herzinfarktes die Grenze überschritten, die lichtvolle geistige Welt gesehen und wusste, dass der Tod nur ein Übergang war. Dennoch hatte er nach wie vor große Angst vor dem Sterben selbst. Er fühlte sich wie ein Versager und wollte nicht aufgeben, bevor er wirklich seine Aufgabe im Diesseits erledigt hatte. Leider konnte er diese vielen, vielen Gedanken nicht formulieren, jedenfalls sprach er leider mit niemandem darüber, sodass sich dieser ganze Kampf ausschließlich in seinem Kopf abspielte.

Erst mithilfe des Buches „Akasha-Therapie" von *Amanda Romania* erkannte ich zwei Jahre später, worum es hier ganz offensichtlich ging.

Erkenntnis aus Akasha-Therapie:
Gerd war in seinen früheren Leben meist ein Krieger gewesen. Ein römischer Feldherr, ein Pirat in der Karibik oder was auch

immer. Und da lautete der Ehrenkodex: Entweder siegen oder auf dem Schlachtfeld sterben! Alles andere war keine Option!

Um aus dieser festgefahrenen Situation herauszukommen, sollte er in der Akasha-Chronik, in der alle unsere Lebensgeschichten festgehalten sind, seine Geschichte neu schreiben! Also den Kodex ergänzen um Klarheit, Liebe, Ehre und Heilung.

Hierbei war dieses Gebet hilfreich:

Lieber Jesus, danke, dass du Gerd immer wieder daran erinnerst, dass er Vertrauen haben soll. Amen

Und nun leuchtete es auch ein, warum Jesus selber in der Heilung zugegen war und zu ihm sagte: „Hab Vertrauen, mein Sohn." Wieder einmal hatte sich ein Kreis geschlossen.

Eine weitere Erkenntnis konnte ich in *Jana Haas'* neuestem Buch *„Heilen mit der göttlichen Kraft"* gewinnen: Gerd fehlte es an Urvertrauen. Durch einen schlimmen Unfall in seiner frühen Kindheit war er längere Zeit allein im Krankenhaus. Er hatte beim Spielen einen Schädelbruch erlitten und musste danach im Alter von zwei Jahren wochenlang still liegen. Zu der damaligen Zeit war es noch nicht an der Tagesordnung, dass Eltern mit im Krankenzimmer bleiben durften, und die strenge Ordensschwester hatte ihm sogar sein Schmusetier weggenommen. Das kleine Kind musste also mit seiner Angst ganz allein fertigwerden.

Die Informationen, die wir erhielten, drehten sich also alle um verlorenes Urvertrauen, welches wir nun mithilfe eines Gebets zu Erzengel Haniel neu aufzubauen versuchten, unterstützt durch Meditationen von *Doreen Virtue*, damit Gerds Seele heilen konnte.

Geliebter Erzengel Haniel,
bitte hilf mir, den heiligen inneren Raum der Stille zu betreten.
Schenke mir die Gelassenheit und den inneren Frieden, die äußere Welt als Illusion zu erkennen.
Bitte gib mir Selbstvertrauen und Selbstsicherheit, mit den Herausforderungen des Lebens in Weisheit und Liebe umzugehen. Bitte unterstütze mich dabei, meine wahre Größe anzuerkennen und zu

leben. Ich erkenne meine Talente und Begabungen an. Ich weiß, dass sie die Basis für meine Lebensaufgabe sind. Bitte schenke mir den Mut und die Durchsetzungskraft, meine Ideen in die Welt zu bringen. Schenke mir die Fähigkeit, meine Entscheidungen voller Selbstvertrauen auszuführen. Bitte unterstütze mich dabei, mein neues Bewusstsein im Alltag umzusetzen und erfolgreich weiterzuführen. Tiefe Dankbarkeit erfüllt mein Herz, denn ich weiß, dass du mich auf dieser Ebene beschützend begleitest. Ich danke dir für deinen liebevollen Beistand. So sei es.

Michaela Merten, Du bist beschützt. Engel-Gebete

Als Gerd erneut davon sprach, er wolle „auf die andere Seite gehen", erschreckte es mich diesmal nicht mehr, obschon ich wusste, dass es ihm damit ernst war. Ich konnte viel besser damit umgehen, und zusammen schöpften wir in Gebeten und Meditationen immer wieder neuen Lebensmut.

Im Herbst 2013 besuchten Gerd und ich gemeinsam mit zwei lieben Freundinnen einen Vortrag von *Clemens Kuby*, in welchem dieser den Schlüssel zur Heilung folgendermaßen erklärte:

Schlüssel zur Heilung nach Clemens Kuby, Auszüge aus seinem Vortrag:

„Man muss seine Vergangenheit regeln. Also die Konflikte bereinigen. Dazu gehört ja auch immer eine größere Lebensveränderung. So dramatisch die Diagnose ist, so dramatisch muss die Lebensveränderung sein, damit Heilung geschieht.
Man muss ein Motiv haben, wofür man gesund werden möchte.
(Kuby selbst war durch den Querschnitt dazu verdammt ...) Da(zu) liegen und zur Zwangsmeditation verurteilt sein.
Hierbei kann dann ein Bild hochkommen und ich erkenne vielleicht, ich will etwas völlig Neues tun.
So entsteht ein Ziel, und damit kann Heilung beginnen.
Das ganze Universum folgt dem Prinzip von Ursache und Wirkung. Es gibt keine Zufälle. Sonst würde auch mal der Mond aus Versehen gegen

die Erde rumpeln! Jede Ursache im Universum ist eine geistige Ursache. Auch ein Tisch hat eine geistige Ursache: Jemand hat sich was überlegt und in die Tat umgesetzt. Wenn nicht einer die Idee dafür gehabt hätte, gäbe es diesen Tisch nicht."

Kuby war nach einem Unfall gezwungen, sein Leben neu auszurichten. Nachdem auch er erst lange mit seinem Schicksal gehadert hatte, fand er schließlich zum Buddhismus, wo er tiefe spirituelle Erfahrungen machen durfte. Er fragte sich, warum er erst aus dem Fenster hatte stürzen müssen, um sich endlich über sein Leben klar zu werden. So durfte er etwas lernen, was er sonst nie gelernt hätte, wo er früher gar keinen Zugang gehabt hatte.

Nach diesem Vortrag stellte ich mir natürlich die gleichen Fragen:

Warum hatte Gerd den Herzinfarkt wirklich erlitten? Was sollte er lernen? Was war er nicht bereit, zu sehen? Wovor war er all die Jahre weggelaufen?

Bereits Jahre vor dem Herzinfarkt hatte sich Gerd das Schlüsselbein gebrochen beim Skifahren, später brach er sich das Wadenbein auf einer Wanderung. Waren dies vielleicht schon Warnungen, die er nicht ernst genommen hatte? Hätte er da schon etwas ändern können in seinem Leben oder sogar müssen? Die Geschichte umschreiben und damit eine neue Wirklichkeit kreieren sollen, wie Kuby das beschrieb?

Kuby führte diese Gedanken noch weiter aus:

„Kriege ich Krebs, weil in meiner Psyche die Ursache dafür war? NEIN! Du kriegst den Krebs, weil du was lernen sollst, was du anderweitig nicht lernen würdest. Weil du genauso ein blöder Holzkopf bist, der die Zeichen vorher nicht gesehen hat! Unfälle, Todesfälle gingen meinem Sturz aus dem Fenster vom Dachgeschoss voraus, ich habe aber alles nur äußerlich betrachtet, nie auf mich bezogen."
„Aber, wer keine Konflikte produziert, den lässt seine Seele in Ruhe! Also muss nicht jeder vom Dach fallen oder krank werden."
„Wer lange gegen sein Herz lebt, produziert einen Konflikt. Wenn alles falsch läuft, dann sagt sich die Seele irgendwann: Kapiert der nichts?

Muss der erst mal einen richtigen Schlag kriegen? Der beste Kompass zum Glück heißt Schmerz."

Wie funktioniert der Heilungsprozess?
Bei Kuby hat es dreiundzwanzig Jahre gedauert, bis er endlich begriffen hatte, wie es zu dem Unglück kam. Er hat den ganzen Unfallhergang aufgeschrieben, und dabei kamen die Schmerzen erneut hoch. Nach wenigen Zeilen war er wieder ganz tief drin im Schmerz. Der Unfall bedeutete für ihn nach wie vor die größte Katastrophe seines Lebens. Aber dann wurde es plötzlich sein größter Schatz. Und er entwickelte daraus Workshops, um anderen Betroffenen seine Erkenntnisse zu vermitteln und ihnen aus ihrem Selbstmitleid heraus zu helfen. Er sagte:

„Nach den Heilungsseminaren bedanken wir uns am Schluss für die Krankheit, die uns die Augen geöffnet hat."

Wie aber kann man sich selber heilen?
Der Mensch erkrankt an etwas Konkretem, nicht an etwas Abstraktem. Also brauche ich eine konkrete Szene, in der das stattgefunden hat, was mich krank macht. Und sie muss aus der Verdrängung herausgeholt werden ins Wachbewusstsein. Das heißt, sie muss auf dem Papier stehen. Ich lasse die Szene aufschreiben. Mit dieser Szene habe ich ein Schmerzbild. Diese Szene schreibe ich um und gestalte damit ein Heilbild. Damit erschaffe ich eine neue Wirklichkeit.
Ich entwerfe eine neue Geschichte, die mich glücklich und gesund macht, die aber nicht wahr sein muss. Denn für unser Gehirn muss Wirklichkeit nicht wahr sein! Wirklichkeit ist das, was wirkt! Das Gehirn kann nicht unterscheiden zwischen Fakten und Fiktion. Damit kann ich mir eine neue Wirklichkeit schaffen. Und der Körper reagiert sofort, denn er ist dem Geist nachgeordnet.

Reicht es nicht, dass ich mir vorstelle, gesund zu sein? NEIN! Kein Hokuspokus, sondern die Geschichte umschreiben und damit eine neue Wirklichkeit kreieren.
Auszüge aus dem Vortrag von Clemens Kuby

Zwei Jahre später führte unsere Therapeutin im Juni 2015 diesen Gedanken noch weiter aus:

Wenn einer bereits schwer krank ist, kann es sein, es kommt vielleicht auch noch Lungenkrebs dazu, der aus lauter Angst vor der eigentlichen Krankheit entsteht! Deshalb ist es so wichtig, Blockaden zu lösen, bevor sie sich manifestiert haben.
1. Situation erfassen
2. Zusammenhänge erkennen
3. Hilfe annehmen! So gelangt man zu echter Heilung!

Soweit die Theorie. Im Prinzip klang alles ganz schlüssig, doch die Umsetzung war eine ganz andere Geschichte. Also versuchten wir uns zunächst wieder einmal mit Hilfe von Frau Dr. Wang anlässlich einer weiteren Akupunktur in der Schweiz ein Bild zu machen über Gerds Zustand. Ihr stellte sich das Ganze nach wie vor so dar:

Gerd steht sich selbst im Weg. Er war es gewohnt, seine eigenen Entscheidungen zu treffen, und kann jetzt nicht ertragen, dass er von anderen abhängig ist.

Er möchte keine Last sein und sein Sohn sollte nicht unter der Behinderung seines kranken Vaters zu leiden haben.

Die Ärztin meinte erneut, organisch wäre alles wieder in Ordnung. Allerdings seien Yin und Yang im Ungleichgewicht, was sich mittels Akupunktur aber sehr gut ausgleichen ließe. Das Feuer in seinem Wesen sei aus, das sei ein gutes Zeichen; denn Feuer stehe für Wut und Angst. Und noch einmal bekräftigte sie ihre Überzeugung: Wenn es Gerd gelinge, sein Ego zu überwinden, seinen Zustand zu akzeptieren, und er bereit sei zur Veränderung, könne immer noch eine Spontanheilung eintreten!

Das waren gute Perspektiven, obwohl sich an Gerds Zustand äußerlich nicht viel verbessert hatte. Täglich bat ich unsere Engel im Gebet um Hilfe, und die Tarotkarten gaben wunderbare Antworten:

Am 10. 09. 2013 sagte die „Haus-Karte" Nr. 32: Heilung steht bevor.
Im November: Er ist auf dem Weg.
Im Dezember: Pegasus, folge deinem inneren Ruf;
Hirsch: Deine Seele will schon lange etwas sagen, jetzt kann sie wachsen und sich entwickeln.

Ich sah in dieser Botschaft die Erklärung, warum Gerd immer so unruhig war. Vergleichbar mit meinen körperlichen Schmerzen bei der Meditation, fürchtete auch Gerds Ego, die Kontrolle/ Macht über seinen Geist zu verlieren.

Frau Dr. Wang führte nun weiter aus, dass man in China gerade bei neurologischen Erkrankungen durch Anwendung der Sauerstofftherapie große Erfolge erzielt hatte. Mir war davon überhaupt nichts bekannt. Aber als sie davon sprach, während ich selbst noch auf der Behandlungsliege lag, fühlte ich in der Magengegend ein angenehm heißes Gefühl, wie ein roter Ballon, der aus meinem Solarplexus aufstieg. Ich sprang impulsiv auf und umarmte die Ärztin, ohne zu überlegen, ob vielleicht noch irgendwo ein paar Akupunkturnadeln in mir steckten. Ich hatte inzwischen gelernt, meinen Gefühlen zu vertrauen, und wusste einfach, hier lag der nächste richtige Schritt vor uns! Frau Dr. Wang versprach, sich mit ihrem Kollegen in China zu verständigen und mich anschließend zu informieren.

Als ich später darüber nachdachte, wurde mir dann doch angst und bange, als mir klar wurde, was da alles auf uns zukommen würde. Würde ich mich in Shanghai überhaupt zurechtfinden? Ich war zwar 2007 schon einmal in China gewesen, damals allerdings in Begleitung von Gerd, was bedeutete, dass er sich um alles gekümmert hatte. Ich brauchte mir nie irgendwelche Gedanken zu machen, ob ich mich in den Straßen zurechtfinden würde. Wo das Hotel liegt, wo wir essen gehen, wie man mit einem chinesischen Taxifahrer verhandelt, der kein Englisch spricht … China konnte zu einem echten Abenteuer werden. Und war Gerd den Strapazen der langen Reise überhaupt gewachsen?

Also erkundigte ich mich zunächst nach den Möglichkeiten in Deutschland. Ja, Sauerstofftherapie wurde angeboten, sogar ganz in unserer Nähe, nämlich in Freiburg, in Stuttgart und in München.

Und so vereinbarten wir einen Termin im Druckluftcentrum Stuttgart, wo wir mit Herrn Dr. Menz ein ausführliches Gespräch führen wollten. Bereits die Anreise war sehr anstrengend. Wir quälten uns durch den Feierabendverkehr von Degerloch hinunter und fuhren mindestens drei Mal an der genannten Adresse vorbei, weil das Navigationssystem immer mitten auf einer riesigen Kreuzung mit Überzeugung verkündete: „Sie sind jetzt am Ziel." Nachdem wir ein paar Mal um den gleichen Block gezirkelt waren, parkten wir unser Auto auf einem öffentlichen Parkplatz und wollten die letzte Strecke zu Fuß zurücklegen. Weit konnte es ja nicht mehr sein. Leider taten wir uns damit keinen Gefallen. Gerd und ich liefen fünfundvierzig Minuten durch die Gegend, weil wir einem vielversprechenden Wegweiser folgten, und landeten schließlich in einer Privatklinik irgendwo in den Weinbergen oberhalb von Stuttgart. Als wir in unserer Verzweiflung den Arzt anrufen und um Instruktionen bitten wollten, war der Akku vom Handy leer. Irgendwann erreichten wir dann aber doch noch die richtige Adresse. Gerd und ich waren gleichermaßen erschöpft, und es war in dem Moment schon klar, dass dies nicht der richtige Ort für eine Therapie sein konnte, denn sonst hätten uns unsere Engel gleich auf direktem Weg hierhergeführt!

Dennoch verlief das Gespräch mit Herrn Dr. Menz sehr angenehm, und er sah durchaus gute Heilungschancen für Gerd. Ein paar Tage später sandte er uns einen entsprechenden Kostenvoranschlag für eine Behandlung zu, welchen wir bei der Krankenkasse einreichten. Postwendend kam die Ablehnung mit der Begründung, es lägen keinerlei wissenschaftlich fundierte Beweise vor über die mögliche Wirksamkeit einer Behandlung. Also müssten wir die Kosten in Höhe von knapp 24.000 Euro selber tragen.

Selbst wenn wir diese Summe hätten aufbringen können, blieb noch das Problem der Logistik. Wie sollte ich Gerd für drei Wochen täglich um 17 Uhr nach Stuttgart schaffen und gleichzeitig meiner Arbeit nachgehen können, bei diesem Verkehrsaufkommen und meinem ausgezehrten Nervenkostüm?

Deshalb freute ich mich umso mehr, als Frau Dr. Wang uns informierte, dass sie mit ihrem chinesischen Kollegen gesprochen habe und einer Behandlung in Shanghai nichts im Wege stünde. Also konnte ich mich jetzt um Flüge und um ein Visum für China kümmern. Hierzu wandte ich mich an einen von Gerds Kollegen in Peking. Herr Roy Yang sicherte sofort zu, alles für Gerd zu tun, um ihn zu unterstützen. Die Vorbereitungen klappten innerhalb kürzester Zeit wie am Schnürchen, und der Kollege von Frau Dr. Wang hatte uns bereits ein Hotel vermittelt, das in der Nähe der Klinik lag, sodass wir zu Fuß zu den einzelnen Terminen gehen konnten. Als dann noch am Tag vor dem Abflug Post kam von Frau Dr. Wang mit einer Karte, auf der sie handschriftlich die Adresse der Klinik auf Chinesisch notiert hatte, war alles perfekt. Wir konnten guter Dinge losfahren. Justin brachte uns nach Zürich zum Flughafen und sollte uns drei Wochen später auch wieder abholen.

Shanghai

Hatte ich mir zuvor Sorgen gemacht, ob Gerd die lange Reise körperlich überhaupt verkraften würde, konnte ich nun mit Freuden feststellen, dass er zu großer Form auflief. Endlich war er wieder einmal in seinem Element, er durfte reisen!

Auf dem Flughafen Zürich war er früher „zu Hause", und er fühlte sich sichtlich wohl, obwohl er visuell kaum erkennen konnte, wo er sich gerade befand. Die Luft, die Geräuschkulisse, das geschäftige Treiben und er mittendrin. Das Einchecken machte keine Probleme, und nach elf Stunden Flug landeten wir am Flughafen Pudong.

Dort wollten wir uns zuerst einmal Bargeld beschaffen und stellten uns deshalb in einer kurzen Schlange hinter den Geldautomaten an. Leider klappte der Vorgang nicht sofort, und wir probierten mit EC-Karte und Mastercard, bis wir den gewünschten Betrag in RMB in der Hand hielten. Es war noch früh am Morgen und die Schalterhalle auf dem Flughafen ziemlich leer, als wir uns endlich Richtung Gepäckausgabe bewegten. Aber alle Karussells waren komplett leer! Das gab's doch nicht! Die Maschine war doch voller Menschen gewesen, die konnten sich doch nicht alle mitsamt ihrem Gepäck in Luft aufgelöst haben. Zweimal gingen wir um die leeren Förderbänder herum, in der Hoffnung, dass doch noch ein Gepäckstück auftauchte. Ich suchte jemanden vom Flughafenpersonal auf und bat um Hilfe – in dem Moment entdeckte ich unsere Koffer unter einem blauen Kunststoffnetz in einer Ecke der riesigen Halle. Siegessicher steuerte ich darauf zu, wurde aber von Sicherheitskräften, die plötzlich zuhauf vertreten waren, zurückgehalten. Ich versuchte auf Englisch und Deutsch den Menschen klarzumachen, dass es sich hierbei um unser Gepäck handele, aber niemand wollte darauf eingehen. Da geriet ich ins Schwitzen. Das ging ja schon gut los! Gerd hatte keinerlei

Verständnis für die Situation und verlangte, dass ich die Koffer einfach aufnehme und ginge, worüber wir in der Hektik prompt in einen kleinen Streit gerieten. Da stand plötzlich eine junge Frau neben uns, in einer Art Uniform gekleidet und mit einem Namensschild am Revers, und sagte, sie wolle uns helfen. Sie gab den Sicherheitskräften ein Zeichen, und wir durften tatsächlich unsere Koffer aufnehmen. Dankbar und erleichtert bewegten wir uns hinter der jungen Frau Richtung Ausgang, während sie wiederholt betonte, sie arbeite hier am Flughafen und würde uns sehr gerne ein Taxi besorgen. Nun wusste ich zwar noch von unserem letzten Aufenthalt, dass es in China allerlei verschiedene Taxiunternehmen gab. Daher war es besonders wichtig, ein Taxi mit einer offiziellen Betreiber-Nummer zu ergattern, aber irgendwie glaubte ich nun, die junge Frau sei vielleicht vom Handicapped Service und wollte uns wirklich helfen. Auf jeden Fall ließen wir uns von ihr ein Taxi organisieren und zahlten dafür im Voraus.

Später lernten wir dann, dass uns für diesen Service der vierfache Preis einer normalen Taxifahrt berechnet wurde. Aber egal, in dem Moment war es wirklich wichtig, dass wir sicher zu unserem Hotel in Xuhui gelangten. Dem Taxifahrer war die Fahrt zunächst genauso suspekt wie uns. Er wollte ganz offensichtlich nur ungern in den Distrikt fahren, der auf unserer Karte stand. Als er dann aber das schöne neue Hotel entdeckte, wo bereits neue Passagiere warteten, die sich von ihm mitnehmen ließen, hellte sich sein Gemüt auf.

Unsere Koffer wurden von höflichen Boys ausgeladen, während wir in der Lobby mit einer Tasse süßem Kaffee herzlich begrüßt wurden. Gleich ging es uns wieder besser. Das Hotelzimmer im vierten Stock war sehr schön eingerichtet und großzügig geschnitten. Die Küchenzeile war modern und mit einer handlichen Kaffeemaschine und mit einem Kühlschrank ausgestattet. Das Bad mit begehbarer Dusche war ganz in Marmor ausgekleidet. Hier würden wir uns die nächsten drei Wochen ganz bestimmt wohlfühlen.

Als Nächstes versuchten wir mit dem chinesischen Arzt Kontakt aufzunehmen. Da wir aber nur die Nummer der Klinik und nicht die Durchwahl des Arztes hatten, sandten wir stattdessen eine E-Mail an Frau Dr. Wang in der Schweiz und teilten ihr mit, dass wir gut angekommen waren. Wunderbarerweise meldete sich am Nachmittag die Rezeption, wir hätten Besuch! Und schon stand Herr Dr. Zhan in unserem Hotelzimmer. Wir begrüßten ihn freudig und dankten ihm, dass er bei uns vorbeigekommen war, aber statt zu antworten, nahm er sein Handy und hielt es mir ans Ohr. Eine junge Frau erklärte mir, Herr Dr. Zhan spreche kein Englisch und deshalb würde sie uns über Telefon dolmetschen! Wir verständigten uns darauf, dass wir am nächsten Tag um 12.30 Uhr im Hotel abgeholt würden, damit Gerd zu seiner ersten Behandlung kam.

Und so tauchte am Montag eine junge Frau bei uns auf, die uns zum Hotel hinaus und eine belebte Straße entlanggeleitete. Ein paar Hundert Meter weiter mussten wir eine riesige Kreuzung überqueren, was sich jedes Mal als richtige Herausforderung erwies.

Wir mussten begreifen, dass man als Fußgänger keinerlei Rechte besaß in Shanghai. Zuerst fuhren die großen Autos los, dann die teuren, danach alles, was Räder hatte – und in Shanghai sind vielerlei Fahrzeuge unterwegs, die sich auf vier, drei oder zwei Rädern vorwärtsbewegen –, und irgendwo dazwischen versuchten sich unzählige Fußgänger in großer Eile durchzuquetschen. Dabei spielte es keine Rolle, ob die Fußgängerampel Grün zeigte oder nicht, denn auf den mehrspurigen Straßen bewegte sich immer irgendwas vorwärts oder auch manchmal rückwärts. Sicherheit und Höflichkeit waren hier tatsächlich Fremdworte, mit denen sich niemand lange aufhielt. Während wir es am Lift im Hotel schon begriffen hatten, dass man nicht erst warten durfte, bis die anderen ausgestiegen waren, sondern sofort eintreten musste, wenn man denn mitwollte, war es im Straßenverkehr noch wesentlich schwieriger, sich anzupassen. Hier musste man nicht nur links und rechts schauen, sondern auch nach vorne und zurück, nach oben und unten, bevor man es wagen konnte, die Straße zu betreten. Hatte man das einmal getan, gab es kein Zurück mehr. Dann musste man sich weiter durchkämpfen.

Im Internet hatten wir uns bereits vorab über die Einrichtung informiert. Es handelte sich um eine moderne Reha-Klinik, und der Internetauftritt war entsprechend beeindruckend. Das Gebäude mit der Druckluftkammer war allerdings ausgegliedert, befand sich sogar in einem ganz anderen Häuserblock und dort im Hinterhof. So mussten wir von der Hauptstraße abbiegen und einen breiten Gehweg entlang laufen, bis wir irgendwo zwischen verschiedenen ein- und zweigeschossigen Gebäuden zu einer Glastür hineingeleitet wurden. Dort konnte man von einem kleinen Vorraum aus auch schon die Druckluftkammer sehen, die wie ein gestrandetes U-Boot dalag. Sofort kamen drei Ärzte in langen weißen Kitteln angelaufen und redeten in chinesischer Sprache alle gleichzeitig auf uns ein. Wir konnten die drei genauso wenig verstehen wie sie uns, und so wurde wieder einmal eine junge Frau gerufen, die versuchte zu dolmetschen. Warum waren es eigentlich immer Frauen, die die Kommunikation zwischen den

Menschen aufrechterhielten bzw. Fremdsprachen beherrschten und dolmetschen mussten?

Während wir immer noch unser Palaver abhielten, füllte sich der Warteraum unablässig mit Menschen. Dabei war die Klientel bunt gemischt, Jung und Alt, Arm und Reich gaben sich hier ein Stelldichein, und alle nahmen mehr oder weniger schweigend auf den am Fußboden festgeschraubten Plastikstühlen Platz. Da kam auch schon eine Gehilfin im blauen Kittel. Sie hielt eine Sauerstoffmaske in der Hand, und mit Händen und Füßen wurde uns bedeutet, dass sie Gerd in den nächsten Tagen in die Druckluftkabine begleiten würde. Dann ging es auch schon los. Eine Ärztin entriegelte die Absperrung und öffnete die dahinterliegenden Türen, und sofort drängten die anwesenden Patienten alle auf einmal durch den schmalen Einlass. Die Ärztin stieß mit lauter, dunkler Stimme einen mir unverständlichen Befehl aus und machte gleichzeitig ein Handzeichen. Auf Kommando hielten alle Menschen in ihrer Bewegung inne, und Gerd wurde an ihnen vorbei als Erster in die Kabine geführt. Mit gemischten Gefühlen folgte ich ihm. Auch im Inneren der Kabine sah es aus wie in einem U-Boot, zumindest glaubte ich das, denn ich war ja noch nie wirklich in einem gewesen. Gerd erhielt einen Platz zugewiesen, und ihm wurde gezeigt, wie er die Sauerstoffmaske aufsetzen musste. Es war besonders wichtig, dass die Maske gut auf Mund und Nase saß und gleichmäßig und tief weitergeatmet wurde. Sollte der Patient in Panik ausbrechen, könnte er dadurch die ganze Mission in Gefahr bringen. Kurz wollte Furcht in mir aufsteigen. Was, wenn Gerd in seiner Desorientierung die Maske abnahm, weil er vergessen hatte, wo er sich befand? Aber ich beruhigte mich im Vertrauen, dass Gerds Überlebensinstinkt größer war als seine Angst und ihm sicher auch seine Taucherausbildung zugutekommen würde. Schließlich waren wir von guten Mächten hierhergeleitetet worden. Und genauso kam es auch. Gerd verhielt sich vorbildlich, er atmete einwandfrei mit der Maske und machte alles richtig. Die junge Begleitperson war mindestens so erleichtert wie ich.

Von nun an bestimmte auch in China die tägliche Therapie unseren Tagesrhythmus. Wir versuchten, so rechtzeitig zum Frühstück zu erscheinen, dass wir ohne großen Aufwand von dort direkt weiterkonnten zur Druckluftkabine. Das war naturgemäß nicht immer einfach. Gerd fiel das Aufstehen morgens oft schwer, und dementsprechend dauerte es manchmal fast anderthalb Stunden, bis er geduscht hatte und angezogen war, um das Hotelzimmer verlassen zu können. Der Frühstücksverkehr im Hotel war sehr rege; viele Menschen trafen sich hier offensichtlich zum Business Meeting, und an den meisten Tischen saßen Geschäftsleute in Anzug mit Krawatte, machten sich aber nicht die Mühe, zum Essen ihren Wintermantel auszuziehen. Andere saßen dick verpackt im Anorak am Tisch, während sie ihr reichhaltiges Frühstück einnahmen; dass sie dabei überhaupt ihre Handschuhe ablegten, war schon auffallend. Häufig waren die Kellner bereits mit dem Abräumen des Büfetts beschäftigt und deckten die runden Tafeln zum Mittagessen ein, bis wir kamen. Das störte mich nicht weiter, denn Gerd bevorzugte ohnehin am liebsten Kaffee und Schokocroissants oder süßen Toast, den wir dann immer separat bestellen mussten. Manchmal dauerte es allerdings außergewöhnlich lange, bis der Toast an den Tisch gebracht wurde, und beim Nachsehen entdeckte ich auch den Grund: Die Kellnerin ließ das Weißbrot nicht nur einmal durch die Röstmaschine laufen, sondern fünf oder sechs Mal, und dazu noch jede Scheibe einzeln; sie wartete also jedes Mal, bis eine Scheibe komplett durchgelaufen war, bevor sie die nächste auf das Band legte. So konnte es dann schon mal dreißig Minuten dauern, bis ein paar Scheiben Toast geröstet waren. Meine Versuche, den Vorgang abzukürzen, scheiterten kläglich. Leider war sie von meiner Hilfestellung so gar nicht angetan. Ich ging also zurück an unseren Tisch und wartete geduldig. Nur leider fehlte uns diese Zeit dann nachher wieder bei unserem Gang zur Klinik, und wir gerieten doch noch unter Zeitdruck.

Da auch das Ankleiden jedes Mal recht zeitaufwendig war – man musste sich nicht nur gegen die kühlen Temperaturen und den eisigen Wind, sondern auch mit einer Atemmaske gegen die extrem verschmutzte Luft schützen –, ließ sich insgesamt unsere Ankunftszeit bei der Druckluftkabine nicht exakt berechnen, und wir waren manchmal eine halbe Stunde zu früh da, oder aber wir wurden schon händeringend erwartet, weil uns die Ärzte einen Platz frei gehalten hatten, der nur zu gern von einem der chinesischen Patienten übernommen worden wäre, wären wir nicht im letzten Moment doch noch aufgetaucht.

Bei den Chinesen schien die Sauerstofftherapie tatsächlich sehr beliebt zu sein. Anders konnte ich mir das nicht erklären. Unter den Wartenden befanden sich nicht nur Geschäftsleute im entsprechenden Anzug oder Kinder in Schuluniform; hin und wieder saßen armselig gekleidete alte Männer und Frauen darunter, die offensichtlich ihr ganzes Hab und Gut in Plastiktüten mit sich herumschleppten und von Zeit zu Zeit etwas Essbares aus einer der vielen schäbigen Tüten herauszogen und sich in den Mund stopften. Wer weiß, wie lange diese Menschen unterwegs gewesen waren, woher sie kamen, wo sie die Nacht verbracht hatten, nur um diesen Termin zur Sauerstofftherapie wahrnehmen zu können. Vielleicht hatten sie im Freien übernachtet, während andere mit dem *Hummer* vorgefahren wurden, wichtig in ihr Smartphone hineinschrien oder einen Zeichentrickfilm auf dem Tablet anschauten, um die Wartezeit abzukürzen. Arm und Reich, Jung und Alt, Männlein und Weiblein, alles war vertreten. Und täglich wurden auch Schwerstkranke auf Liegen in die Kabine hineinverfrachtet, oft mit dicken Mullverbänden an Armen und Beinen oder kahl rasierten Schädeln nach einer Kopf-OP. Es war jedenfalls ganz eindeutig, dass man sich von der Heilung durch Sauerstoff sehr viel erhoffte, und die „Fahrten" in der Druckluftkammer waren so begehrt, dass täglich auch Menschen abgewiesen werden mussten!

Um nun den auf Dauer für Gerd recht beschwerlichen und teilweise auch gefährlichen Fußweg abzukürzen, versuchte ich eines Nachmittags, während er in der Druckluftkabine saß, von der Einrichtung quer durch die angrenzenden Hinterhöfe und durch eine riesige Anlage, aus mehreren Betongebäuden bestehend, auf direktem Weg zu unserem Hotel zu gelangen. Gemäß Luftlinie müsste so die Strecke deutlich kürzer sein. Leider gelang mir das nicht, denn in der Nähe der Einrichtung waren mehrere Wohngebäude, deren Innenhöfe immer wieder durch Mauern abgegrenzt waren, und bei dem riesigen Betonkomplex hatte ich ein ganz eigenartiges Gefühl, wenn ich dort durchlaufen wollte.

Diese gigantische Anlage lag direkt auf der anderen Straßenseite gegenüber unserem Hotel. Jeden Morgen schon vor 6 Uhr bildeten sich dort lange Schlangen, und ich wunderte mich, wo diese Personen wohl alle hinwollten. Wenn es sich um eine Fabrik gehandelt hätte, hätte die Schlange sich ja irgendwann auflösen müssen, tatsächlich standen die Menschen aber bis in den Nachmittag hinein entlang der Straße aufgereiht. Fast täglich kam es zu Auffahrunfällen, wenn ein Auto anhielt, um Passagiere aussteigen zu lassen. Ich traute meinen Augen kaum, als ich beobachtete, wie eine Limousine einen Radfahrer anfuhr, der Chauffeur wutentbrannt aus dem Fahrzeug sprang, den auf der Straße liegenden Radfahrer am Kragen hochriss, um ihn unter wüsten Beschimpfungen zu ohrfeigen! Ein andermal machte sich der Fahrer diese Mühe gar nicht erst, sondern trat direkt mit den Füßen auf den zu Fall gebrachten Radfahrer ein, ließ ihn auf der Straße liegen und besah sich dann erst einmal den Schaden am Fahrzeug – vielleicht war ja der Lack verkratzt worden –, um dann unter Tobsuchtsanfällen mit dem Telefon am Ohr weiterzurasen.

Weil der Verkehr auf dieser Straße so gewaltig war, war eine Spur für Busse und eine weitere für Zweiräder abgesperrt, wobei der Begriff Zweiräder ziemlich weit gespannt werden konnte.

Eines Nachts schreckte ich im Schlaf hoch, weil ich einen undefinierbaren Krach gehört hatte. Ein Blick durch die Scheibe des Hotelfensters hinunter auf die taghell erleuchtete vierspurige Straße brachte Klarheit. Ein Taxi und eine Limousine hatten wohl gleichzeitig versucht, ein langsameres Fahrzeug zu überholen. Beide hielten sich für gleichberechtigt und drängten sich gegenseitig ab, bis sie in den Absperrgittern landeten, die die Busspur auf der Gegenfahrbahn kennzeichnete. Dem lautstarken

Wortgefecht folgte ein Handgemenge, denn weder der Taxifahrer noch der Chauffeur wollten klein beigeben. Irgendwann sprangen beide wieder in ihre Gefährte und rasten weiter; die Trennzäune ließen sie jedoch auf der ganzen Fahrbahn verstreut liegen. Wenige Stunden später folgte dann das Unausweichliche. Zuerst fuhren alle Busse völlig unbeirrt über die auf der Straße liegenden Absperrgitter hinweg. Diese blieben teilweise unter der Karosserie der schweren Fahrzeuge hängen und wurden mitgeschleift, was scheinbar niemanden störte. Danach fuhren etliche Mofas, Motorroller und sonstigen Gefährte, die die Zweiradspur mehr oder weniger berechtigt benutzen, in die Zäune hinein. Selbstredend führte auch dies wiederum zu neuen Unfällen. Die Betroffenen standen von der Fahrbahn wieder auf, untersuchten ihr Gefährt und setzten die Fahrt fort, sofern sich die Räder noch halbwegs drehten. Im Laufe des Tages erschien dann tatsächlich ein Polizeifahrzeug. Zwei uniformierte Beamte nahmen den Schaden auf, um sich nach einer gefühlten Ewigkeit unverrichteter Dinge wieder von der Unfallstätte zu entfernen, bis dann abends tatsächlich ein uralter Pick-up-Truck erschien, welchem eine Handvoll Arbeiter entstiegen, die mit vereinten Kräften die Absperrgitter – oder was davon noch übrig war – einsammelten und notdürftig im verbeulten Zustand wieder aufstellten. Wie viele Menschen im Laufe dieses Tages zu Schaden gekommen waren, nur weil sich in der Nacht zwei Gockel nicht arrangieren konnten, ließ sich nicht ermessen.

Irgendwann machte ich mich dann doch einmal auf, um das Geheimnis auszukundschaften, worauf die vielen Menschen vor dem gegenüberliegenden Gebäude immer so geduldig warteten, während sie ständig Gefahr liefen, von einem der vorbeirasenden Autos erfasst zu werden. Und so ging ich an einem eher ruhigen Sonntagnachmittag hinüber, lief durch das offene Tor und suchte an einer der vielen Türen nach einem Hinweis. Tatsächlich entpuppte sich die Einrichtung als eine große Klinik für Onkologie, demnach handelte es sich um unzählige Krebspatienten, die da täglich Schlange standen und auf einen Behandlungstermin warten mussten. Angesichts dieser Massen und der vielen Menschen, die immer wieder bei der Sauerstofftherapie abgewiesen wurden, ereilte mich beinahe ein schlechtes Gewissen, dass wir aus Deutschland angereist waren, um uns hier behandeln zu lassen, während es ganz offensichtlich genug Chinesen gab, die der Behandlung auch bedurft hätten.

An einem anderen Tag wurde ich ganz früh wach, weil vor dem Haus offensichtlich etwas explodiert war. Ich fürchtete mich zunächst, überhaupt ans Fenster zu laufen, konnte dann aber doch nichts feststellen. Als Gerd und ich uns später auf unseren Fußweg zur Behandlung machten, sah ich auf der Straße überall Feuerwerkskörper liegen. Direkt neben unserem Hoteleingang war eine Bäckerei eröffnet worden. Die Tür war mit Luftballons und Papierschlangen geschmückt, und zu den Glückwünschen gehörte wohl das Abbrennen eines Feuerwerks. Das beruhigte mich im Nachhinein dann doch. Bei näherer Betrachtung konnten wir feststellen, dass dieses Geschäft nicht nur herrlich frische Backwaren anbot, sondern auch Kaffee zum Mitnehmen, sodass ich von da an ein kleines leckeres Frühstück in der Bäckerei besorgen konnte, wenn mit Gerd wieder einmal die Zeit knapp geworden war. Wir waren also nicht mehr auf den Service im Hotel angewiesen, was eine wunderbare Erleichterung darstelle. Auch gewöhnten wir uns sehr schnell daran, am Nachmittag in Ruhe einen frisch gebrühten Kaffee dort zu trinken und uns von den Strapazen der Behandlung zu erholen. Solche kleinen Rituale halfen uns in der ganzen Zeit sehr gut, die Tage so organisiert wie möglich zu überstehen.

Im Westen der Klinikeinrichtung hatte ich schon vor Tagen eine Konditorei entdeckt, die feinste englische Buttercremetorten verkaufte. Die Schlange vor der Theke war jedes Mal sehr lang, aber es lohnte sich wirklich, denn die Torten waren ein Gedicht. Leider war der Weg dorthin für Gerd zu weit. Selbst wenn er eine Strecke geschafft hätte, war der Rückweg dann einfach zu viel, und deshalb konnten wir nur am behandlungsfreien Sonntag gemeinsam dorthin. Unterwegs erblickten wir ein Frisörgeschäft, in dem sich etwa zehn junge Chinesen an den verschiedenen Waschbecken und Frisiereinheiten beschäftigten. Zunächst schauten uns alle erstaunt an, denn auch wenn es in Shanghai von Besuchern aus dem Westen nur so wimmelte, waren wir in Xuhui doch fast eine Attraktion. Hier gab es keine spektakuläre Einkaufsmeile oder sonstige Attraktionen für Touristen. Hier waren nach wie vor Chinesen zu Hause. Auf Anfrage bedeutete man uns einen freien Stuhl, auf dem Gerd Platz nehmen sollte, damit ihm eine Rasur und ein Haarschnitt zuteilwerden konnten. Nun war es für Gerd aufgrund seiner Einschränkungen zunächst ziemlich schwierig, die Erhöhung zu erklimmen und dort auch noch über die Fußraster vernünftig auf den Friseurstuhl zu gelangen, und so hatten die jungen Mitarbeiter auch ein bisschen Angst davor, ihn zu bedienen. Schließlich fand sich dann aber ein junger Mann, der sich Gerds annahm, und zu guter Letzt wurde er von insgesamt drei Mitarbeitern gleichzeitig bedient. Einer hielt das Werkzeug bereit, der andere tat die Arbeit, und der dritte führte wohl Regie. Etwas unwohl war mir allerdings, als ich mit ansehen musste, wie Gerd ohne Seifenschaum rasiert wurde. Das heißt, die blanke Gesichtshaut wurde mit einem Rasiermesser bearbeitet. Die ganze Prozedur zog sich endlos hin, denn die drei nahmen ihre Aufgabe sehr genau, und schon nach ein paar Minuten war Gerds Gesicht durch die Behandlung stark gerötet. Aber er beschwerte sich nicht und hielt tapfer durch. Das Ergebnis konnte sich sehen lassen. Rasur und Haarschnitt waren sehr gut gelungen!

An einem der nächsten Tage suchte ich nach ein Nagelstudio, wo ich mir eine Maniküre und eine Pediküre leisten wollte, während Gerd sich in der Druckkabine befand. Eine Maniküre war leicht zu finden, etliche Einrichtungen boten ihre Dienste an, während man sich mit Pediküre eher schwertat. Irgendwann fand ich dann doch noch einen jungen Mann, der mich durch ein winziges Ladengeschäft hindurch ins Hinterzimmer führte. Nach einem kurzen Wortwechsel mit einem jungen Mädchen befüllte sie eine Plastikschüssel mit Wasser, die sie zuvor mit einer

Plastikfolie ausgekleidet hatte. Sie bedeutete mir, darin meine Füße zu baden bevor sie sich ans Werk machte und meine Fußnägel pflegte. Das Ergebnis war zufriedenstellend, wenngleich ich nicht das Gefühl hatte, dass sie dies schon oft gemacht hatte.

Eines Morgens lag Gerd im Bett, und seine Nase war blau verfärbt. Ich erschreckte mich fürchterlich und wusste nicht, wo die Ursache zu suchen war. Ich wollte mit der Klinik Kontakt aufnehmen, hatte aber immer noch keine direkte Telefonnummer, und selbst wenn, sprach ich ja immer noch kein Chinesisch!
    Also sandte ich eine SMS an Frau Dr. Wang in der Schweiz und hängte gleich noch ein digitales Foto von Gerds Gesicht an die Nachricht. Aufgrund der Zeitverschiebung konnte ich nicht abschätzen, ob und wann Frau Dr. Wang meine Nachricht erhalten würde, und war umso mehr erleichtert, als kurze Zeit später der chinesische Arzt aus der Klinik im Zimmer stand und sich Gerd anschaute. Nach einer kurzen Untersuchung zückte er wieder sein Handy und ließ seine persönliche Dolmetscherin ausrichten, es handle sich nicht um ein organisches Problem, sondern lediglich um einen Bluterguss, wohl bedingt durch eine nicht optimal passende Sauerstoffmaske. Er wollte dafür Sorge tragen, dass Gerd heute Nachmittag eine größere Maske erhalte. Wir waren erleichtert und konnten erst einmal durchatmen. Später brachte uns eine Schwester dann tatsächlich eine größere Maske, die dann aber doch nicht verwendet werden konnte, denn wenn die Maske nicht wirklich dicht saß, war dadurch die ganze Behandlung gefährdet und der Erfolg in Frage gestellt. Wir waren halt nun einmal Langnasen und keine Chinesen. Also musste Gerd wiederum mit der zu knapp sitzenden Maske zwei Stunden aushalten. Aber wie so oft fügte er sich tapfer seinem Schicksal.

Mir war es nach wie vor ein Rätsel, wie er das durchhielt. Täglich begleitete ich ihn in die Kabine hinein und bekam fast regelmäßig Beklemmungen, wenn ich durch die doppelte Schleusentür hindurchging, ihn an einer Hand hineinführte und darauf achtete, dass er einigermaßen sanft auf einem der Sitze landete, die wie ausgediente Autositze wirkten. Sollte er die Wollmütze abnehmen? Was, wenn es ihm im Verlauf der zwei Stunden kalt wurde? Allein konnte er die Mütze nicht mehr aufsetzen, mit der Schwester konnte er sich sprachlich ja nicht verständigen. Das machte ja auch den Umgang mit der Sauerstoffmaske so schwierig. Ihre Anweisung konnte Gerd nicht verstehen, und wenn sie ihm etwas zeigte, konnte er es nicht richtig sehen. Wusste er überhaupt die ganze Zeit, wo er war, oder hatte er es nach einigen Minuten vergessen und erhielt dann auf sein Nachfragen keine Antwort? Das würde bedeuten, dass er sich täglich mehrere Stunden in großer emotionaler Unsicherheit befand! Was, wenn er in Panik ausbrach, weil niemand mit ihm redete? Würde er dann die Maske abreißen und versuchen zu flüchten und dadurch alle Patienten in der Druckluftkammer in Gefahr bringen? Würde er die Schwester anschreien? Fragen über Fragen, auf die es keine Antwort gab. Auch wenn heute alles gut ging, was würde morgen sein? Ich hatte ständig mein Gebetsbüchlein dabei und versuchte, mit Gerd noch ein kurzes Gebet zu sprechen, das ihn beruhigen und begleiten sollte, solange ich nicht bei ihm sein konnte. Oft saß ich einfach auch nur wartend vor der Kabine und betete für ihn. Es kam tatsächlich nie zu einem Zwischenfall, wie wir ihn ja schon bei uns zuhause im Kreiskrankenhaus erlebt hatten. Sicher profitierte er jetzt auch von seiner Taucherausbildung, sodass er sich instinktiv ruhig verhielt und die Strapazen durchhalten konnte. Die übrigen Patienten in der Kabine konnten sich durch Lesen ablenken oder eine seltsame TV-Soap anschauen, die über die Bildschirme im Kabineninnern flackerte. Aber Gerd konnte diese Bilder ja nicht sehen.

Eines Tages lasen wir bei GMX, dass der siebenmalige Formel-1-Weltmeister Michael Schumacher beim Skifahren einen Unfall erlitten hatte und nun mit Kopfverletzungen im Koma lag. Gerd meinte dazu spontan: „Ja, der soll auch nach Shanghai kommen!" Ich freute mich riesig über seine Aussage, weil sie für mich ein Beweis war, dass Gerd seine Sauerstofftherapie tatsächlich begrüßte, und nur mit dieser positiven Grundeinstellung konnte er die dreiwöchige Tortur überhaupt durchhalten. Gerd war immer schon ein Fan von Michael Schumacher gewesen und war sogar bei dessen Abschiedsrennen in São Paulo live dabei gewesen.

In der Zwischenzeit hatten wir mit einem von Gerds ehemaligen Arbeitskollegen über E-Mail Kontakt aufgenommen. Gerd hatte mit Markus Menzel schon in vielen Ländern zusammengearbeitet. In der Zwischenzeit war Markus in China sesshaft geworden. Zusammen mit seiner chinesischen Ehefrau und zwei Kindern lebte er im Großraum Shanghai. Sehr gerne luden wir ihn zu einem gemeinsamen Abendessen in unser Hotel ein. Lustigerweise hatte Markus genau in diesem Bezirk früher auch schon gewohnt und kannte sich bestens aus. Allerdings war auch er sehr erstaunt über unser schönes Hotel in dieser Gegend und noch mehr über die Möglichkeit einer Behandlung für Gerd. Leider hatte er seine Familie nicht mitbringen können, weil er direkt von einem Geschäftstermin kam und quasi auf der Heimfahrt bei uns vorbeikam. Wir verbrachten einen unterhaltsamen Abend zu dritt und tauschten allerlei Anekdoten aus. Auch wenn Gerd inzwischen von seinem Gedächtnis im Stich gelassen wurde, konnte er sich dennoch an viele Geschichten aus den gemeinsamen Jahren erinnern, und obwohl hin und wieder Wehmut aufkam, gab es doch viel zu lachen.

Nach drei Wochen sahen wir dem Abschlussgespräch mit Herrn Dr. Zhan gespannt entgegen und waren dann doch sehr enttäuscht, als dieser an unserem letzten Tag gar nicht in der Klinik war. So versuchten wir uns einmal mehr mit den anderen chinesischen Ärzten zu verständigen und hofften, dass Herr Dr. Zhan vielleicht noch an seine Kollegin in der Schweiz berichten würde.

Wir hatten eine der wunderbaren Buttercremetorten besorgt und wollten diese zum Dank dem Klinikpersonal, vor allem den Schwestern und Pflegerinnen überlassen. Als einer der Ärzte das sah, packte er den Kuchenkarton und drückte ihn mir vehement wieder in die Arme. Obwohl ich seine Sprache nicht verstehen konnte, war unmissverständlich klar, dass das Personal keine Geschenke annehmen durfte! Also mussten wir die Torte mit ins Hotel nehmen. Dort durfte ich das Gebäck schließlich beim Concierge abgeben, der sichtlich angetan war und gleich los eilte, und ein Messer und Geschirr besorgte, um das Zuckerwerk mit seinen Kollegen zu teilen.

Unser Flugzeug startete um 7 Uhr früh, und so stiegen wir schon im Morgengrauen ins Taxi, welches uns zum Flugplatz bringen sollte. Weil ich nur noch wenig Geld in Landeswährung übrig hatte, fiel das Trinkgeld für den Taxifahrer nicht gerade üppig aus. Prompt warf er wütend unsere Koffer auf die Straße und ließ uns vor dem Terminal stehen. So blieb mir nichts anderes übrig, als den hilflosen Gerd zu bitten, bei den Koffern stehen zu bleiben, bis es mir gelang, einen Gepäckwagen zu organisieren, auf den ich die Koffer laden konnte, um dann gemeinsam mit Gerd in den Schalterraum zu gehen. Glücklicherweise war Reisen ja immer Gerds Lebenselixier gewesen, und so mobilisierte er auch diesmal wieder all seine Kräfte und hielt tapfer die Stellung. Insgesamt erschien er mir auch deutlich aufgekratzter als vor unserer Reise, und ich war trotz des unfreundlichen Taxifahrers guter Dinge. Am Schalter wurden wir gefragt, ob wir vielleicht unseren Sitzplatz upgraden wollten zum Schnäppchenpreis von 300 Euro? Gerd war natürlich sofort dabei, und ich dachte, das wäre ein gelungener Abschluss unserer Reise, und stimmte zu. Erst später merkte ich, dass der Aufschlag pro Person galt und somit noch einmal 600 Euro von unserem ohnehin strapazierten Reisekonto abgebucht wurden. Aber dadurch ließen wir uns die Stimmung nicht vermiesen. Wir hatten all unseren Mut zusammengenommen und eine ungewisse Reise angetreten. Mithilfe unserer Engel hatten wir alle Hindernisse umschifft, alle Widrigkeiten besiegt, Gerd hatte tapfer zwanzig Behandlungen überstanden, und nun flogen wir wieder zurück nach Hause. Da hatten wir ein bisschen Komfort auf jeden Fall verdient! Immerhin dauerte der Flug ja auch zwölf Stunden.

Unser Sohn Justin erwartete uns schon in Zürich und brachte uns sicher nach Hause. Er war sichtlich erleichtert, dass sein geliebter Daddy wieder heil zurück gekommen war. Leider blieb Gerd der große Durchbruch verwehrt, an seiner Situation hatte sich nichts Wesentliches verändert, obgleich uns die übrigen Familienmitglieder in den nächsten Tagen immer wieder bestätigten, dass Gerd einen deutlich aufgeweckteren Eindruck vermittelte und wieder mehr Interesse am Tagesgeschehen hatte.

Untersuchung beim Augenarzt

Zwei Wochen später hatten wir einen weiteren Termin beim Augenarzt. Als wir im November des Vorjahres zum ersten Mal in seiner Praxis waren, bescheinigte uns der Doktor, dass Gerd blind sei, weil sein Sehvermögen unter 0,5 Prozent lag! Das Sozialamt, welches diese Untersuchung mehr oder weniger verlangt hatte, um zu entscheiden, ob Gerd einen Anspruch auf Blindengeld hatte oder nicht, gab sich mit dieser Bescheinigung nicht zufrieden und ordnete eine erneute Untersuchung an. Diese war nun – direkt nach der Sauerstoffbehandlung – fällig. Zunächst sollte erneut der Augendruck gemessen werden. Ich verwehrte mich dagegen, schließlich war dies erst vor knapp zwei Monaten gemacht worden, und wir waren nicht zu einer Standarduntersuchung hier! Danach sollte sein Gesichtsfeld gemessen werden, was schier unmöglich war, weil Gerd durch seine Behinderung den Anweisungen der Arzthelferin nicht Folge leisten konnte. Wenn er die Stirn oben ansetzte, war unten das Kinn nicht mehr an der Führung und umgekehrt. Er rutschte vom Hocker, der keine Lehne hatte und Gerd keinen festen Stand unter den Füßen bot, weil man sich nicht die Mühe machte, die Höhe des Sitzgerätes richtig einzustellen. Je häufiger die Arzthelferin ihre Anweisungen wiederholen musste, desto lauter wurde ihr Ton und umso nervöser und unsicherer wurde Gerd, der sich enorm anstrengte, alles richtig zu machen. Ich wurde richtig wütend und hatte gleichzeitig Mühe, die Tränen zurückzuhalten. Warum musste Gerd so gepeinigt werden? Die ganze Untersuchung war eine Qual, eine Verbesserung seiner Sehkraft war dadurch ohnehin nicht möglich, und gleichzeitig wurden ihm seine Unzulänglichkeiten einmal mehr vor Augen geführt. Warum musste er derart vorgeführt werden? Das war die reinste Schikane! Irgendwann waren diese schrecklichen Untersuchungen zu Ende, wir mussten wieder im Wartebereich Platz nehmen. Dieser war architektonisch „schick", aber völlig unzulänglich für Menschen mit Sehbehinderungen, mit denen man in einer Augenklinik ja doch gelegentlich zu rechnen hatte. Die Trennwände waren aus Glas, die Stühle standen dicht an dicht und es gab etliche Türen, die alle gleich aussahen und deren eingefärbte Schilder auch ich nur entziffern konnte, wenn ich direkt davor stand. Da ich Gerd nicht immer das Gefühl geben wollte, hilflos zu sein, versuchte ich, ihn so diskret wie möglich zu leiten und zu lenken. Hier aber musste ich ihn bei der Hand nehmen und um all die Hindernisse herum manövrieren, damit es nicht zu einem Unfall kam. Und selbst dann lief man noch Gefahr, vor lauter Menschen und Stühlen gegen eine Glaswand zu laufen. Sehr geschickt durchdacht, diese ganze Konstruktion! Der Architekt brauchte offensichtlich selber noch keine Sehhilfe.

Endlich wurden wir ins eigentliche Behandlungszimmer gerufen. Im Halbdunkel sollte sich Gerd nach vorne bewegen und dort auf einem Stuhl Platz nehmen. Mitten auf dem Weg stand ein Hocker, der vermutlich absichtlich dort platziert war, um Gerd zu „testen". Nun verhielt es sich so, dass Gerd geradezu auf diesen Hocker zusteuerte. Wenn er ihn tatsächlich sehen konnte, war er vermutlich im Glauben, er müsse sich daraufsetzen. Auf jeden Fall kickte der Arzt in letzter Sekunde das mit Rollen ausgestattete Sitzgerät mit dem Fuß weg, bevor Gerd dagegen stieß. Weiter ging der Weg quer durch das abgedunkelte Zimmer, immer wieder fragte Gerd: „Wo? ... Wo?" Selbstredend war er nervös, vielleicht hatte er auch Angst. Schlussendlich erreichte er den Behandlungsstuhl, und nun musste ich doch eingreifen und ihm Hilfestellung leisten, damit er sich auf dem seltsamen Gestell richtig setzen konnte und nicht auf der Lehne landete. Der Arzt fackelte nicht lange und warf direkt ein paar Zahlen an die Wand, die Gerd lesen sollte:

6	2
4	8

Und Gerd las, ohne zu zögern, mühelos „2" vor. Ich konnte es nicht glauben! Verwundert blickte ich erst Gerd und dann den Arzt an. Auch der war sichtlich erstaunt, wechselte das Bild, und wieder konnte Gerd eine von vier Ziffern lesen! Daraufhin stand er von seinem Stuhl auf, lief zur Leinwand und zeigte mit seinem Finger auf eines der vier Felder. „Und hier, welche Zahl steht hier, Herr Kähler?" Darauf Gerd: „Wo?" „Hier, wo meine Hand drauf zeigt!" „Welche Hand?", war Gerds Antwort! Ich befand mich auf einer Achterbahn der Gefühle. Hatte mein Herz erst einen Luftsprung gemacht, nachdem eindeutig war, dass Gerd eine Ziffer klar lesen und benennen konnte, war seine Frage „Welche Hand?" wiederum so niederschmetternd, dass alle Freude zunichtegemacht wurde. Tränen liefen mir übers Gesicht vor Glück, dass Gerd auf jeden Fall nicht blind war, und ich berichtete dem Arzt von der Sauerstofftherapie, die Gerd soeben in Shanghai absolviert hatte. Der Arzt freute sich nun mit uns und wurde etwas zugänglicher, während er erzählte, er habe unlängst über diese Behandlungsmethode gelesen. Er führte aus, wie sich die erhöhte Sauerstoffkonzentration positiv auf die Vorgänge im Gehirn auswirken und damit mannigfaltige Verbesserungen in allen möglichen körperlichen Prozessen nach sich ziehen konnte. Er erstellte einen entsprechenden Bericht über die heutige Untersuchung, welchen ich an das Sozialamt weiterleitete. Darin bescheinigte er Gerd eine schwere Sehminderung nach Sauerstoffmangelperfusion im Rahmen eines Herzinfarktes sowie eine beidseits zirkuläre Einengung des Gesichtsfeldes unter zehn Grad. Wir hatten der Aufforderung Folge geleistet, Gerd hatte sich zweimal der Untersuchung gestellt, und unsere Freude über die Verbesserung der Sehleistung war grenzenlos!

Wochen später erreichte uns ein umfangreiches Schreiben vom Landratsamt. In einem aufwendigen „augenfachärztlichen Gutachten nach Aktenlage" wurde festgestellt, dass am Vorliegen einer Blindheit erhebliche Zweifel bestünden, zumal in verschiedenen vorliegenden Arztberichten immer wieder einmal von einer Verbesserung der Lesefähigkeit berichtet worden sei. Vielmehr müsse man von einer Schädigung im Sinne einer visuellen Agnosie als wesentliche Ursache ausgehen, diese würde aber grundsätzlich keine Blindheit begründen. Auf fast vier Seiten beschrieb ein Professor aus Heidelberg, Facharzt für Augenheilkunde, dass Gerd eigentlich viel besser sehen müsste, als es der Augenarzt vor Ort feststellen konnte. Tatsächlich hatte er die positiv gehaltenen Berichte unserer eigenen Therapeuten gegen uns verwendet. Wären diese Berichte nicht so positiv ausgefallen, wäre die Krankenkasse sicher schon längst nicht mehr bereit gewesen, weitere Therapien zu bewilligen. Ein Teufelskreis! Ich fand es ganz besonders schade, dass der gute Professor sich solche Mühe gemacht hatte, aufgrund einer mehr oder weniger vollständigen Aktenlage zu belegen, dass Gerd sehend war, anstatt genau diesen Aufwand zu betreiben, um Gerd einmal gründlich zu untersuchen.

Wie dem auch sei, das Sozialamt hatte das Gutachten, das es brauchte, um kein Blindengeld bezahlen zu müssen, und wir wussten, dass die Sauerstofftherapie tatsächlich etwas gebracht hatte! Eine Win-win-Situation also!

Natürlich erwarteten wir nun im weiteren Verlauf stetige Verbesserungen, die jedoch leider ausblieben. Hatte Gerd beflügelt durch die Nachwirkungen der Sauerstofftherapie oder durch die abwechslungsreiche Reise neuen Mut gefasst, ließ sein Lebenswille doch wieder nach, als er merkte, dass er immer noch auf fremde Hilfe angewiesen war und seinen Alltag nicht allein bewältigen konnte. Zunächst freute er sich jedes Mal, wenn er von Freunden oder Bekannten auf seine weite Reise angesprochen wurde – schon bald konnte er sich jedoch überhaupt nicht mehr darin erinnern!

Einbruch

Und so wollte er irgendwann einfach nicht mehr. Er wollte nicht mehr zu den Therapien, er wollte sich nicht im Sonnenschein auf die Terrasse setzen, und was das Schlimmste war, er trank einfach nicht genügend. Oft saß er stundenlang vor einem Glas Saft. Immer wieder forderten wir ihn auf zu trinken. Im günstigsten Fall nippte er daran, oft sagte er einfach nur trotzig: „Ich will aber nicht!" Sooft es sein körperlicher Zustand zuließ, gingen wir gemeinsam Lebensmittel und Getränke einkaufen. Da er das Angebot in den Regalen nicht sehen konnte, sagte ich ihm, was in der Auslage vor ihm lag, und fragte ihn gezielt, worauf er denn Appetit hatte. So wollte ich sicherstellen, dass wir auf jeden Fall die Sachen daheimhatten, die er gerne aß. Und außerdem sollte er ja zumindest selber entscheiden dürfen! So kam es, dass wir große Mengen an Schokolade und Keksen, Spezi und Cola einkauften und häufig auch Karamalz. Dies war oft das Einzige, was er tatsächlich auch mal freiwillig leer trank. Über den hohen Gehalt an Zucker oder sonstigen ungünstigen Inhaltsstoffen konnte ich mir jetzt keine Gedanken mehr machen. Wichtig war, dass Gerd überhaupt etwas zu sich nahm.

Diese ganze Situation war auch für meine Gesundheit nicht zuträglich. Während ich mich zu Beginn noch genau wie Gerd in einer Art Kampfmodus befand, spürte ich mehr und mehr, wie die Sorge um Gerds Gesundheit meine eigene schwächte. Die ständigen Auseinandersetzungen mit der Krankenkasse, die vielen Arzt- und Therapietermine, die Gerd ja alleine nicht wahrnehmen konnte, und überhaupt drehte sich alles nur noch um Krankheit. Freunde ließen sich so gut wie keine mehr blicken, nur noch ganz wenige hielten überhaupt weiterhin Kontakt oder riefen vielleicht mal an, um sich nach Gerds Gesundheit zu erkundigen. Von seinem Arbeitgeber kam gar nie irgendetwas – und dabei war die Arbeit doch einmal Gerds ganzer Lebensinhalt gewesen.

Während wir im Januar 2014 noch in Shanghai waren, erreichte mich ein Newsletter von *Jeanne Ruland*, die eine spirituelle Seminarreise nach Hawaii ankündigte für den Sommer. Da der Termin im August war, meldete ich mich spontan zu der Reise an, ohne lange nachzudenken, und so war es schlussendlich die Vorfreude auf meine eigene Reise, die mir die Kraft schenkte, das erste Halbjahr 2014 mit all seinen „ups and downs" zu überstehen, denn unser Leben glich inzwischen wirklich einer Achterbahnfahrt, die sehr, sehr viel Kraft kostete.

Eines Tages hatte uns Frau Schmied eine Visitenkarte mitgebracht von einer Heilpraktikerin, die Akupunktur bei Augenerkrankungen anbot. Sie versprach eine Verbesserung der Sehleistung bei Altersweitsicht und bei Sehstörungen durch Gehirnschädigung!

Bis heute fällt es mir schwer, dieses Wort zu schreiben, geschweige denn es auszusprechen: Gehirnschaden.

Ein eher unscheinbares Wort für den Umfang und die Tragweite, wofür es steht. Natürlich gab es speziell für Gerds Fall auch einen Fachbegriff:

Posthypoxische Encephalopathie nach Reanimation bei Hinterwandinfarkt mit rez. Kammerflimmern.

Dadurch war Gerds Sehleistung – und leider auch viele andere Körperfunktionen – schwer eingeschränkt, was zu komplexen Behinderungen führte. Eine Therapie gab es nicht, darin waren sich sein behandelnder Augenfacharzt und der unbekannte Professor aus Heidelberg ja einig. Also ergriffen wir nach wie vor jede alternative Möglichkeit, die Heilung oder zumindest Besserung in Aussicht stellte.

Und selbst wenn die Heilung nicht wie erhofft eintreten sollte, so war Gerd doch wieder mal für ein paar Wochen beschäftigt, weil er für die verschiedenen Termine aus dem Haus gehen musste. Und Justin und ich waren auch beschäftigt, indem wir Gerd zu den Behandlungen begleiteten. Denn alleine konnte er dort ja nicht hinkommen. Schließlich war er nach wie vor auf unsere Hilfe angewiesen. Er konnte die Uhr nicht lesen, die Schrift an der Tür nicht entziffern, den Fahrplan für den Bus nicht studieren. Er konnte auch nicht einschätzen, wann er losgemusst hätte, um den Bus rechtzeitig zu erreichen oder den Termin wahrzunehmen.

Er konnte sich nicht selber fertig machen, nicht fertig angezogen das Haus verlassen, mit dem rechten Schuh am rechten Fuß usw. Er war auf Hilfe angewiesen. Oder „hilflos", wie es kurz und prägnant in seinem Schwerbehindertenausweis stand.

Noch vor ein paar Monaten wäre er nie in einer Jogginghose zur Tür raus, heute wusste er nicht, ob er überhaupt eine Hose anhatte.

Als ich mit Gerd die Details der bevorstehenden Behandlung besprochen hatte, weinte er vor Glück. Wir hatten beide neue Hoffnung geschöpft.

Und so nahmen wir nun ab Juni 2014 im vierwöchigen Rhythmus Behandlungstermine bei Frau Senft wahr. Gerd, um seine beiden Hirnhälften weiterhin besser zu vernetzen und damit seine Koordination und im günstigsten Fall die Sehkraft zu verbessern. Und ich wollte aktiv gegen die beginnende Altersweitsichtigkeit vorgehen. Auf jeden Fall konnten wir beide feststellen, dass uns die Behandlungen sehr guttaten, zumal wir energetisch deutlich besser aufgestellt waren.

Gerds Zustand stabilisierte sich nun zusehends, Krampfanfälle waren nicht mehr vorgekommen, und so reiste ich im August 2014 guter Dinge nach Hawaii.

Und tatsächlich konnte ich drei wunderbare Wochen verbringen, in denen sich für mich im spirituellen Bereich ganz viel getan hat, während Gerd zu Hause von unseren Kindern Daniela und Justin aufs Beste versorgt wurde. Für die beiden waren es die letzten „großen" Ferien, bevor Justin im September eine Ausbildung zum Elektroniker begann und Daniela ihre erste „richtige" Anstellung als IT-Consultant bei einer Münchner Firma antrat. Und beide hatten sich bereit erklärt, auf eine eigene Reise zu verzichten und sich stattdessen um das Wohlergehen ihres Vaters zu kümmern und mir damit die Reise zu ermöglichen!

Nach meiner Rückkehr aus Hawaii ging es mir richtig gut. Ich hatte so viel Kraft geschöpft, so viele neue Erkenntnisse erlangt, dass ich noch wochenlang von dieser Kraft getragen wurde.

Im September 2014 heiratete eine liebe Freundin, und unsere ganze Familie war zur Hochzeitsfeier eingeladen. Wir freuten uns sehr, und naturgemäß war der Tag zu viert auch leicht zu stemmen, denn wir konnten die Verantwortung für Gerds Wohlbefinden gemeinsam tragen. Und so verlebten wir eine richtig schöne Zeit.

Glücklicherweise hatten wir während der ganzen Jahre einen sehr guten Hausarzt an unserer Seite, der uns wunderbar unterstützte. Aber jedes Rezept, welches für Gerd ausgestellt wurde, musste durch positive Therapieberichte belegt werden, jede Verordnung wurde hinterfragt, die Auslieferung der Hilfsmittel immer öfters in die Länge gezogen, ohne dass es dafür eine einleuchtende Begründung gegeben hätte. Im Gegenteil, wenn ich höflich am Telefon nachfragte, wurde mir gesagt, dass der Bedarf vorrangig bearbeitet würde – aber statt der Lieferung oder Gewährung der benötigten Maßnahme wurde wiederum ein Brief zugestellt, in welchem erneut um Auskunft und weitere Begründungen gebeten wurde. Überhaupt trafen diese wunderbaren Briefe am allerliebsten am Freitag ein, sodass ich meine Wut über diese Verzögerungstaktik schön übers ganze Wochenende mit mir rumschleppen durfte, ehe ich am Montag dann der Aufforderung Folge leisten und wieder hinterhertelefonieren oder neue Belege einreichen konnte. Irgendwann fing ich an, die Post vom Freitag bis Montag ungeöffnet im Keller zu deponieren, damit diese negative Energie nicht mehr das ganze Wochenende in der Wohnung steckte. Aber an der Tatsache selbst änderte dies natürlich nichts.

Weihnachten feierten wir in diesem Jahr zu Hause, die ganze Familie war eingeladen. Daniela und ihr Freund Raphael hatten das Kochen übernommen, und wir hatten alle viel Spaß und konnten das alte Jahr in Frieden und Geselligkeit abschließen.

– *Weihnachtsbotschaft von Charles Virtue* –
Ich wünsche Euch fröhliche Weihnachten und ein neues Jahr, das ohne Zweifel belegt, dass Euer Leben für Wunder gemacht ist!

Tiefpunkt – Januar 2015

Als Frau Schmied morgens ins Haus kam, um nach Gerd zu sehen, wunderte sie sich, dass der Fernseher schon eingeschaltet war. Gerd konnte sie aber nirgends entdecken. Als sie dann im Wohnzimmer die Jalousien hochziehen wollte, fand sie Gerd unter dem Dinnersofa liegend – leblos!

Sie versuchte mit allen Mitteln, ihn zu wecken oder aus seiner Bewusstlosigkeit zurückzuholen. Endlich gelang es, und Gerd atmete wieder, aber es war ihr nicht möglich, den großen Mann vom Fußboden hochzuheben. Sie lief also über die Straße und bat einen Nachbarn um Hilfe. Gemeinsam betteten sie Gerd auf den Fußboden und riefen parallel schon den Notarzt. Leider ließ sich nicht feststellen, aus welchem Grund Gerd in die Bewusstlosigkeit gefallen war.

Am Tag zuvor hatte er ein neues Medikament erhalten, welches gegen Depressionen wirken und ihn aus seiner anhaltenden Lethargie herausbringen sollte. Tatsächlich konnte er jedoch die ganze Nacht keinen Schlaf finden.

Am Abend zuvor war Herr Seeler vom Medizinischen Dienst bei uns, um zu beurteilen, ob der Einbau einer barrierefreien Dusche in unserem Badezimmer von der Krankenkasse finanziell gefördert bzw. unterstützt würde. Weil dieses Projekt uns wirklich am Herzen lag, waren wir entsprechend aufgeregt, als wir Herrn Seeler demonstrierten, wie umständlich das Duschen inzwischen für Gerd geworden war. Als Herr Seeler gegangen war, nahm Gerd die erste der neuen Tabletten ein und ging zu Bett, verbrachte jedoch eine sehr unruhige Nacht. Ob das von dem Medikament kam oder ob er sich Sorgen wegen des Zuschusses machte, konnte ich nicht beurteilen. Als ich um 5.30 Uhr aufstand, um einen Schluck Wasser zu trinken, bemerkte ich, dass er die Augen geöffnet hatte. „Gerd, willst du aufstehen und einen Kaffee mit mir trinken?", fragte ich ihn. „Ich glaube, ja", war seine Antwort, und er erhob sich auch sofort, saß dann aber noch mindestens zwanzig Minuten auf der Bettkante, bevor er sich tatsächlich an den Esstisch begeben konnte. Ich freute mich, dass er den Weg geschafft hatte, und buk ein paar Tiefkühlbrezeln im Backofen auf. Wortlos, aber immerhin mit Appetit, aß Gerd zwei Brezeln und trank seinen Kaffee. Als ich mich im Bad fertig gemacht hatte, stellte ich ihm eine zweite Tasse Kaffee hin und verabschiedete mich von ihm. „Gerd, geht's dir jetzt besser? Kann ich dich alleine lassen, bis Frau Schmied zu dir kommt?", fragte ich ihn. „Ja, ja, es geht schon", meinte er. Damit er ein bisschen Unterhaltung hatte, schaltete ich zu der frühen Stunde den Fernseher ein. Mit einem guten Gefühl fuhr ich ins Büro.

Um 10 Uhr klingelte mein Telefon, und Frau Schmied informierte mich, dass der Notarzt im Haus sei.
    Ich fuhr von der Arbeit direkt ins Krankenhaus, wo Gerd bereits untersucht wurde. Ich fand ihn auf einem Krankenbett im Flur der Medizinischen Aufnahmestation vor. Bei den Untersuchungen durfte ich nicht dabei sein, sondern wurde hinausgeschickt. Meine Einwände, dass Gerd allein keine aussagekräftigen Antworten auf die Fragen des Arztes machen konnte, ließ man nicht gelten. Es seien noch andere Patienten im gleichen Raum und deren Privatsphäre müsse gewahrt werden, hieß es.
    Also ging ich in die Kapelle und zündete eine Kerze für Gerd an. In einem kurzen Gebet bat ich unseren Schöpfer um das Allerbeste für Gerd. Anschließend setzte ich mich mit Frau Schmied in die Cafeteria. Sie hatte Gerd im Krankenwagen begleiten dürfen. Bei einem Kaffee schilderte sie mir nochmals ausführlich den Ablauf des Vormittags aus ihrer Sicht.
    Es war schon fast 17 Uhr, als ein Arzt mir erläuterte, dass im CT keine weiteren Schäden oder Blutungen im Gehirn festgestellt werden konnten. Allerdings klagte Gerd über heftige Rückenschmerzen, und man wollte ihn auf jeden Fall zur Beobachtung auf Station legen. Ich widersprach heftig, weil ich befürchtete,

dass Gerd, bedingt durch seine Einschränkungen, einfach nicht optimal versorgt wurde im Krankenhaus. Der Arzt hatte ein Einsehen und stellte die Entlassungspapiere entgegen ärztlichem Rat aus, also auf eigene Verantwortung.

Frau Schmied besorgte einen Rollstuhl, und gemeinsam chauffierten wir Gerd über den Flur und mit dem Lift hinunter auf den Parkplatz, nur um dort einsehen zu müssen, dass es ihm aufgrund seiner großen Schmerzen und sicher auch im Zustand großer Angst und Aufregung nicht möglich war, vom Rollstuhl ins Auto zu steigen. Ich versuchte zunächst, ihn zu stützen. Als er sich jedoch mehr wehrte als mitmachte, ergriff mich Panik, und ich versuchte mit aller Macht, ihn ins Auto zu zerren – mit fatalen Folgen. Wir kamen beide zu Fall, und Gerd rutschte vom Rollstuhl auf die Erde! Ich musste eingestehen, dass es so nicht weiterging, und lief zurück auf die Aufnahmestation. Im Treppenhaus begegnete mir der behandelnde Arzt, offensichtlich hatte er seinen Dienst für heute beendet und war gerade im Begriff, das Haus zu verlassen. Ich war fast erleichtert darüber. Vielleicht würde er so unsere Misere auf dem Parkplatz gar nicht mitbekommen. Ich eilte zu einer Schwester und bat eindringlich um Hilfe. Sofort liefen zwei junge Krankenschwestern die Treppe hinunter zum Parkplatz. Meine Einwände, dass sie nicht kräftig genug seien, ließen sie nicht gelten. Und tatsächlich, mit einem geübten Griff konnten sie Gerd von der Erde aufheben und in den Rollstuhl setzen. Und dann ging es zurück zur Station.

Ein Gebet, das durch Zeiten großer Veränderung hilft:

„Liebe Engel, alle himmlischen Wesen, die in diesem Leben mit mir arbeiten. Ich rufe euch an und bitte euch, mir beizustehen. Bitte umgebt mich und umringt mich mit eurem Licht. Bitte lasst mich eure Präsenz spüren, wenn eure Energie sich mit meiner Energie vermischt.
Bitte lasst die höhere Schwingung eurer Aura meine eigene Energie ansteigen, sodass ich mich leichter fühle. Ich nehme einen tiefen Atemzug und bitte euch um die Zuversicht, dass ich beim Ausatmen alle niedere, angstbasierte Energie, die in mir steckt, loslassen darf.

Engel, ich bitte euch mit mir zu arbeiten und mir die Stärke zu schenken, über meine Ängste hinauszusehen jetzt und für alle Zeit. Bitte bestärkt mich mit der Kraft, selbst die kleinste Nuance von Angst sofort loszulassen und zu überwinden, um meinen Lebensweg mutig zu gehen und die Veränderungen, die ich durchmache, gut zu überstehen.
Wenn ihr seht, dass ich mich den Ängsten meines Egos hingebe, wenn ihr seht, dass ich beginne, eine Niederlage hinzunehmen, dann erinnert mich in diesen Momenten bitte sofort daran, aus der Situation herauszugehen und nur das Gute und Göttliche in meinem Leben zu sehen.
Engel, ich bitte euch, mich sofort mit eurer hohen Energie zu erfüllen und dafür zu sorgen, dass diese Schwingungen noch den ganzen Tag über in mir nachhallen.
Ich bitte euch, mich vor der Energie derer zu schützen, die darauf hoffen, mich zweifeln zu sehen oder von meinem Weg abzukommen, und gestattet mir die Freiheit und die himmlische Erlaubnis, endlich und endgültig das Leben zu führen, nach dem meine Seele sich so sehr sehnt.
Danke Engel – ich bestätige euch jetzt, dass ich willens und bereit bin, die mir von euch geschenkte Energie aktiv oder passiv mit jedem zu teilen, der zu mir geführt wird.
Mit diesem Licht erleuchte ich den Weg, der vor mir liegt, während ich dafür Sorge trage, dass mein Leben als leuchtendes Beispiel himmlischer Führung dient."
    Charles Virtue

Als ich am nächsten Tag, also am Samstagnachmittag, Gerd auf seinem Krankenzimmer besuchte, war ich angenehm überrascht: Er saß munter in seinem Bett, hatte bereits gegessen und unterhielt sich angeregt mit dem Besuch seines Zimmernachbarn. Offensichtlich zeigte die Versorgung mit der Nährstofflösung am Vortag Wirkung, und Gerd war richtig aufgekratzt und munter, klagte allerdings vehement über Rückenschmerzen, sodass er noch am Sonntag geröntgt wurde. Das Röntgenbild ergab keine nennenswerten Erkenntnisse, aber es musste ja einen Grund für die Schmerzen geben. Daher wurde zwei Tage später noch ein MRT von der Wirbelsäule gemacht. Das Ergebnis war niederschmetternd: Es zeigte Einbrüche der Wirbelkörper in weiten Bereichen der Wirbelsäule. Nun war es nur naheliegend, dass Gerd ab sofort komfortabler gelagert werden musste, um die Schmerzen möglichst zu lindern und um zu verhindern, dass durch ungeschickte Bewegungen womöglich noch größerer Schaden angerichtet wurde, denn tatsächlich bestand die Gefahr einer Querschnittlähmung. Also stellte unser Hausarzt am 10. 02. 2015 ein Rezept aus für eine Weichlagerungsmatratze mit Wechseldruck, damit Gerd nach der Entlassung aus der Klinik auch zu Hause besser gebettet war.

Wenn ich Gerd im Krankenhaus besuchte, hatte ich immer das Schutzengel-Gebetsbuch von *Michaela Merten* dabei. Täglich wechselnd las ich ihm zuerst eine Beschreibung des jeweiligen Engels vor und dann das dazugehörige Gebet. Anfangs war ich ein bisschen gehemmt, Gerd laut vorzulesen, aber schon bald merkte ich, dass auch sein Zimmerkollege schon immer auf das kurze Gebet wartete und oft auch Fragen zum Engelthema stellte.

Am 11. 02. 2015 nahm ich Kontakt auf mit der Pflegekasse und erhielt am 28. 04. 2015 einen positiven Bescheid. In der Zusage der Zentrale hieß es: „Die Weichlagerungsmatratze kann über unseren Kooperationspartner oder ein Sanitätshaus vor Ort bezogen werden. Bitte informieren Sie uns, wo Sie die Matratze beziehen möchten, oder reichen Sie uns einen Kostenvoranschlag des Sanitätshauses Ihrer Wahl ein, damit wir Sie informieren können, in welchem Umfang wir die Kosten übernehmen können." Was bedeutete das nun konkret? Die Matratze kann bezogen werden, aber ob die Kosten übernommen werden, überlegen sie sich noch?

Ich telefonierte erneut mit der Pflegekasse und konnte am 04. 05. 2015 die angeforderte Nummer vom Leistungsverzeichnis 11 29 7002 durchgeben, nur leider war es nicht möglich, diese Nummer am Telefon abzugleichen oder zu prüfen. Also sandte ich zeitgleich noch ein entsprechendes Fax.

Am 01. 06. 2015 wurde mir auf erneute telefonische Nachfrage erklärt, dass es sich hierbei um eine medizinische Maßnahme handele und deshalb die Krankenkasse zuständig sei und nicht die Pflegekasse. Ich wurde aber umgehend zum entsprechenden Sachbearbeiter durchgestellt. Hier nun entbrannte eine Diskussion über die Notwendigkeit der Weichlagerung und über den Unterschied zwischen Weichlagerungsmatratze und Wechseldruckmatratze.

Ich erklärte, dass ich mich da nicht auskenne, las also erneut den Text auf dem Rezept vor. Erneut wurde mir „vorrangige Bearbeitung!" zugesichert.

Am 16. 06. 2015 teilte mir die Zentrale schriftlich mit, dass das von mir beantragte Hilfsmittel im Leistungsverzeichnis nicht enthalten sei. Daher konnte keine Kostenzusage erteilt werden! Weiterhin hieß es:

„Da der medizinische Dienst eine Weichlagerungsmatratze empfohlen hat, würden wir Ihnen gerne das Pflegehilfsmittel über unser Vertragssanitätshaus zur Verfügung stellen. Falls Sie damit einverstanden sind, bitten wir um eine kurze Rückmeldung."

Umgehend nahm ich das Telefon zur Hand und rief die Nummer auf dem Briefkopf an. Zunächst bat ich ganz ruhig darum, die Matratze durch das Vertragssanitätshaus zu liefern. Dann gingen mir die Nerven durch, meine Stimme brach, und ich musste ein Schluchzen unterdrücken, als ich der freundlichen Sachbearbeiterin sagte, dass ich nicht verstehe, wie die Versicherung im April etwas zusagen, im Juni ablehnen und immer weiter hinauszögern könne, alles zulasten eines Patienten, der dadurch unnötig zusätzliche Qualen erleiden musste. Mir stellte sich das alles so dar, als würde die Versicherung den Vorgang absichtlich hinauszögern, bis sich der Bedarf auf natürlichem Weg einstellte, weil der Patient eben verstorben war in der Zwischenzeit! Nein, so dürfe ich auf gar keinen Fall denken, hieß es da. „Genauso stellt es sich mir aber dar!" Nun, die Sachbearbeiterin stellte mit Bedauern fest, dass ja schon Freitag sei, sie aber umgehend am Montag das Nötige veranlasse.

Am Montag, 22. 06. 2015 erhielten wir tatsächlich einen Anruf vom Vertragssanitätshaus. Es liege ein Auftrag vor zur Auslieferung einer Matratze, und ich solle doch bitte sagen, wie diese Matratze beschaffen sein sollte?

Das „Spiel" begann von Neuem! Nach meinem Aussetzer am Freitag habe ich erst mal tief durchgeatmet und dann der Anruferin den Text des Rezeptes vorgelesen. Ob denn der Patient schon wund gelegen sei, kam dann die Frage. Nein, er benötige die Matratze wegen Wirbeleinbrüchen. Ja, in dem Fall würde sie eine Weichlagerungsmatratze empfehlen, keinen Wechseldruck. OMG. Ich fragte höflich, wo denn der Unterschied liege. Vor allem bei dem Kostenunterschied von ca. 1000 Euro. Eine Matratze mit Wechseldruck benötigten Menschen, die nicht mehr allein aufstehen können, um Wundliegen zu verhindern. Die Weichlagerungsmatratze hingegen unterstütze den Rücken und sei aus Schaumstoff. Nun, die Matratze, mit welcher das Pflegebett geliefert worden war, bestand auch aus Schaumstoff, allerdings in einer eher schundigen Qualität, wagte ich zu bedenken. Das könne man nicht vergleichen, meinte die kundige Fachfrau. Und fragte, ob ich ihr den Kostenvoranschlag von „meinem" Reformhaus vor Ort zuschicken könnte. Gerne tat ich das per Telefax. Später rief mich die Dame erneut an. Sie hatte versucht, mit der Pflegekasse abzuklären, dass die Matratze umgehend an meinen Mann ausgeliefert werde. Leider konnte dazu auch diesmal am Telefon keine Entscheidung getroffen werden, obwohl die Zusage ja seit April 2015 vorlag! Also musste sie nun ihrerseits einen Kostenvoranschlag bei der Versicherung einreichen. Wie kam ich in dem Zusammenhang nur darauf, dass es sich um eine Verzögerungstaktik handelte?

Mit großem Interesse verfolgten Gerd und ich im Abendprogramm Sendungen, die über genau solche Missstände aufklärten. Sogar ein „Tatort"-Krimi hatte einmal dieses Thema, wie mit der Hoffnung der Patienten und der Angst der Angehörigen gepokert wurde, damit die Pharmaindustrie oder die Sanitätshäuser am meisten von den Krankenkassen abkassieren konnten, indem völlig übertreuerte Preise verlangt wurden. Der Patient geriet dabei zum Spielball in einem Interessenkonflikt, in dem es jedes Jahr um Milliarden ging. Mit dem Erfolg, dass die Krankenkassenbeiträge stetig stiegen und trotzdem der Patient und seine Interessen auf der Strecke blieben.

So kann beispielsweise ein Pflegebett für 500 Euro auf zwei Jahre vermietet werden; wird es vorher zurückgegeben, weil der Patient es nicht mehr benötigt, weil er entweder gesund wurde oder verstorben ist, geht das Pflegebett zurück und kann neu vermietet werden. Die schäbige Schaumstoffauflage wird aber nicht zurückgenommen, denn die müsste ja entsorgt werden. Während eine Wechseldruckmatratze ebenfalls neu vermietet werden kann, obwohl diese bereits vom ersten Patienten komplett bezahlt wurde.

Wenn ein Vielflieger vom Arzt einen Venenstrumpf verordnet bekommt, kostet dieser ca. 90 Euro, während man für höchstens 30 Euro ein qualitativ hochwertiges Strumpfmodell selber kaufen kann, welches die gleiche Wirkung tut. Auf diese Weise macht das Sanitätshaus Profit zulasten der Krankenkasse, welche das Geld wieder beim Patienten reinholt. Warum?

Als Gerd im Juni 2015, zwei Tage vor seinem dreiundfünfzigsten Geburtstag nach einem erneuten Krampfanfall mit dem Notarzt ins Krankenhaus musste, wurde ein kompletter Tag Station abgerechnet, obwohl er lediglich sieben Stunden in der Notaufnahme auf einer Liege lag, ohne Verpflegung. In Rechnung gestellt wurde aber das ganze Programm.

Als er zuvor drei Wochen auf Station lag, wurde er als Privatpatient abgerechnet. Dass er seine Verpflegung gar nicht vollständig erhalten hat, weil er angeblich keinen Appetit hatte, schlug sich auf der Rechnung allerdings nicht nieder. Mir war damals aufgefallen, dass er nachmittags keinen Kuchen mehr serviert bekam. Da Gerd aber ein Schleckermäulchen war, wusste ich, dass er niemals freiwillig auf ein Stück Torte verzichten würde. Auf Nachfrage wurde mir erklärt, weil Gerd schon sein Frühstück nicht gegessen hatte, sei es nicht notwendig, ihn am Nachmittag zu fragen, ob er einen Kuchen wolle. Diese Logik erschloss sich mir überhaupt nicht. Eher war doch das Gegenteil der Fall. Wenn jemand schon am Morgen nichts gegessen hatte, sollte er doch spätestens am Nachmittag etwas bekommen. Tatsächlich hatte man ihm wohl sein Frühstückstablett hingestellt. Da er es aber nicht sehen konnte, hatte er auch nichts gegessen. Ich hatte zwei Pflegekräfte auf diesen Umstand hingewiesen und darum gebeten, ihn immer wieder ans Essen und Trinken zu erinnern bzw. zu unterstützen. Nun hatte inzwischen das Personal gewechselt, und wer auch immer für ihn zuständig war, war darüber offensichtlich nicht informiert worden. Das war halt so.

Nur hat so leider der Patient absolut keine Möglichkeit, positiv oder kostensenkend in das Geschehen einzugreifen. Seine Meinung ist schlicht nicht gefragt, Nachfragen der Angehörigen sind ohnehin nur lästig. Wenn ich mich auf meinen Status als „Betreuer" und gesetzlichen Vertreter meines Ehemanns berief, interessierte das auch niemanden. Immer wieder gab man mir mehr oder weniger charmant zu verstehen, dass ich im Wege stand und den Klinikablauf störte!

Nach dem zweiwöchigen Krankenhausaufenthalt zu Beginn des Jahres waren wir jedenfalls beide urlaubsreif. Wir brauchten dringend eine Luftveränderung und wollten ein bisschen Sonne tanken. Aber wo ich mich auch erkundigte, überall herrschten maximal vierzehn Grad bei bewölktem Himmel oder gar Regen. Die allerbesten Wetterprognosen hatte Dubai zu bieten mit angenehmen achtundzwanzig Grad. Als mich per E-Mail ein „Sonderangebot" erreichte, griff ich zu. Selbstredend war das Angebot im Juni/Juli gültig, wo mit vierzig Grad Hitze gerechnet werden musste. Im März war die Reise deutlich teurer. Aber egal, wir hatten wirklich beide Erholung nötig, und so buchte ich uns diesmal einen Flug mit Handicapped-Unterstützung und ein Fünfsternehotel in Dubai. Ein Shuttleservice sollte uns von der Haustür direkt zum Terminal bringen. Für die Reise in die Emirate war ein Pass notwendig, der nach Einreisedatum noch mindestens sechs Monate Gültigkeit hatte. Leider würde Gerds Reisepass schon vor diesem Termin ablaufen, und wir mussten im Eilverfahren einen neuen beantragen. Da Gerd nicht mehr schreiben konnte, musste er die Unterschrift schuldig bleiben, und somit erhielt er nun einen neuen Pass mit einem dicken schwarzen Balken anstelle seiner Signatur. Ich war fast schon froh darüber, dass er das nicht sehen konnte!

Leider war eine Woche vor unserem Reisetermin Gerds Vater verstorben. Er litt schon seit Längerem an einer schweren Krebserkrankung. Hatte er zuvor immer wieder Chemotherapien erhalten, so blieb diese Behandlung inzwischen wirkungslos, und Horst verstarb am 2. März 2015.

Wenige Wochen zuvor hatten Gerd und ich seine Eltern noch zu Hause besucht, und sie beklagten sich beide bitterlich, dass sie wegen Horsts Erkrankung kaum mehr das Haus verlassen konnten. Sie konnten ihren großen Garten nicht mehr bestellen, den Fischweiher nicht mehr pflegen und auch keine Musikveranstaltungen mehr besuchen. Horst meinte, wenn es schon so weit gekommen sei, wollte er mit seinen neunundsiebzig Jahren lieber sterben als noch länger dazu verdammt sein, auf dem Sofa zu sitzen und zu warten, bis wieder ein Tag um war.

Ich konnte seine Enttäuschung zwar verstehen, fragte mich aber, warum er das ausgerechnet vor Gerd so deutlich sagen musste. Offensichtlich kam es den Eltern überhaupt nicht in den Sinn, wie herabwürdigend sich das alles für ihren Sohn anhören musste, der – obwohl dreißig Jahre jünger – bereits seit drei Jahren genau dazu verdammt war! Und auch Gerd war vor seinem Herzinfarkt alles andere als ein Stubenhocker gewesen. Ich empfand es als schmerzhaft und beschloss, keine Besuche mehr mit Gerd bei seinen Eltern zu machen, solange diese sich nur in ihrem eigenen Mitleid suhlten, anstatt dankbar dafür zu sein, dass sie fast achtzig Jahre lang ein derart aktives Leben hatten führen dürfen.

Als dann der Anruf kam, Horst sei am frühen Morgen zu Hause verstorben, wusste ich erst nicht, wie ich es Gerd sagen sollte. Aber er hatte schließlich ein Recht darauf, die Wahrheit zu erfahren. Selbstredend nahm ihn die Nachricht dann auch sehr mit, aber er ließ es sich nicht nehmen, an der Trauerfeier teilzunehmen, und wollte auch im Vorfeld im Elternhaus dabei sein, wenn der Pfarrer mit seiner Mutter und seinen vier Geschwistern die Trauerfeierlichkeiten besprach. Also hatte Justin seinen Vater zu dessen Elternhaus gefahren, wo er einen Nachmittag mit seiner Familie verbrachte. Als ich ihn nach Feierabend dort abholte, saß Gerd allein auf einer Couch, vor sich ein Stück Apfelkuchen, während seine Geschwister sich im hinteren Teil des geräumigen Wohnzimmers mit dem Pfarrer unterhielten. Ich begrüßte Gerd und fragte, ob ihm denn sein Apfelkuchen nicht geschmeckt habe. „Hab ich Apfelkuchen?", war seine Antwort! „Oje, da haben wir ja gar nicht dran gedacht, dass der Gerd nicht allein essen kann!", kam es dann von seiner Schwester. Ja, und sicher hatte auch keiner gesehen, dass der Kuchen immer noch unberührt auf dem Couchtisch vor Gerd stand. Auch hier hatten ihn die Menschen, die ihm eigentlich am nächsten standen, wieder kläglich im Stich gelassen, und anstatt sich bei ihm zu entschuldigen, wurde wieder in der dritten Person über ihn gesprochen! Was war schlimmer für Gerd? Die Ignoranz seiner Familie oder dieses ungehobelte Benehmen, mit welchem sie dann über seine Einschränkungen sprachen? Ich hätte am liebsten alle geschüttelt und gefragt, wie man so dumm sein kann. So gefühllos. So unsensibel. Stattdessen unterdrückte ich meine Wut und sagte wieder einmal gar nichts. Ob Gerd sein Lieblingsapfelkuchen jetzt überhaupt noch geschmeckt hatte, konnte ich nicht beurteilen. Er aß ihn jedenfalls tapfer auf, trotz der Schmach, die ihm zuteilgeworden war. Mir selber wurde gleich gar nichts angeboten.

Die Trauerfeier fand morgens um 10 Uhr in der kleinen evangelischen Kirche statt. Es bedarf sicher keiner großen Erklärungen, dass das Fertigmachen, das Rasieren und Anziehen an diesem Tag noch mehr Mühe kostete als sonst, denn wir waren alle emotional sehr mitgenommen und kamen deshalb erst quasi mit dem Glockenschlag in die Kapelle. Daniela und ich begleiteten Gerd hinein, während Justin noch den Wagen parkte. Die Kapelle war bis auf den letzten Platz besetzt, hinten standen bereits die Trauergäste in Dreierreihen, und ich weinte vor Wut und Enttäuschung, als ich feststellen musste, dass seine Mutter keinen Platz für Gerd frei gehalten hatte! Irgendwann stand einer seiner Brüder auf, damit Gerd sich setzen konnte, während ich am liebsten davongerannt wäre. Hatte denn der Nachmittag davor in seinem Elternhaus noch nicht gereicht, um zu begreifen? Offensichtlich nicht!

Und so tat es mir auch kein bisschen leid, dass die Urnenbeisetzung just auf den Tag fiel, an welchem Gerd und ich nach Dubai fliegen wollten. Es war der 14. März 2015, unser achtundzwanzigster Hochzeitstag, und während sich die Familie wiederum auf dem Friedhof versammelte, stiegen Gerd und ich in ein Taxi, welches uns zum Stuttgarter Flughafen brachte.

Dubai

Auf der Fahrt über die A81 konnten wir an diesem Samstagmorgen viele Mercedes-Limousinen beobachten, die mit Anhängern auf der Autobahn unterwegs waren, und mir fiel spontan der alte Witz wieder ein, den die Mitarbeiter in Stuttgart gerne bei der Werksbesichtigung zum Besten geben: „Worin besteht der Unterschied, ob ein Mercedes von einem Scheich bestellt wird oder von einem Schwaben? Der Schwabe bestellt immer mit Anhängerkupplung!" Heute sahen wir den Beweis, dass dies kein Witz, sondern die Realität war!

Während der nun folgenden zehn Tage nahmen wir alle Unterstützung in Anspruch, die wir kriegen konnten. Und so wurde Gerd von einem Flugzeug zum anderen jeweils von Sicherheitskräften begleitet. In Amsterdam erwartete uns sogar ein Krankentransport, der uns von einem Terminal zum anderen brachte. Am Flughafen in Dubai stand eine Hilfskraft mit einem Rollstuhl parat, und der Fahrer vom Hotelshuttle fing Gerd mit beiden Armen auf, als dieser beim Aussteigen den Tritt verfehlte und abrutschte. Wir fühlten uns im wahrsten Sinne des Wortes sehr gut aufgehoben!

Es erwartete uns ein wunderbares, großzügiges Hotelzimmer mit eigenem Balkon und Blick auf das offene Meer. Die Temperaturen waren herrlich, sodass wir sogleich die Klimaanlage ausschalteten und die Balkontür Tag und Nacht geöffnet ließen. Das Badezimmer verfügte über eine Wanne und eine begehbare Dusche, was für Gerd besonders wichtig war; die Toilette war separat. Die Ausstattung kam uns also sehr entgegen.

Tagtäglich wurden Ausflüge zu Wasser und zu Land angeboten, die wir jedoch alle nicht nutzen konnten, weil Gerds körperliche Verfassung und meine angegriffenen Nerven es einfach nicht zugelassen hätten. Stattdessen legten wir uns in der traumhaft schönen Hotelanlage eine gewisse Routine zu, von der wir beide gleichermaßen profitierten. Wenn wir morgens mit dem Lift zum Frühstück hinunterfuhren, bat uns die freundliche Restaurantmanagerin direkt Platz zu nehmen, während sie für uns einen ruhigen Tisch auf der schattigen Terrasse herrichten ließ. Sobald dieser fertig war, geleitete sie uns fast schon liebevoll zu unseren Plätzen. Diese junge Polin hatte gleich am zweiten Tag unsere Situation erfasst und schaffte es, sich so um uns zu kümmern, dass Gerd sich nicht wie eine Belastung fühlen musste und ich meinen Aufenthalt genießen konnte! Warum wollte das seiner eigenen Familie so ganz und gar nicht gelingen?

Nach einem reichhaltigen Frühstück flanierten wir von der Terrasse zum Poolbereich, wo uns eifrige Angestellte in perfektem Englisch einen schönen guten Morgen wünschten, ehe sie uns mit Badetüchern, Sonnencreme und Mineralwasser versorgten. Sie geleiteten uns bis zu den Schwimmbecken und gaben nicht eher Ruhe, bis Gerd ausgestreckt auf einem weich gepolsterten Liegestuhl entspannte, während sie ihm den Sonnenschirm optimal ausrichteten. Jetzt konnte ich ein bisschen dösen oder eines der vielen Bücher lesen, die für die Gäste bereitgehalten wurden, bevor Gerd sich so weit ausgeruht hatte, dass wir noch ein Stück weiter bis zum Meer gehen konnten. Ich hatte meine Schnorchelausrüstung dabei, musste aber feststellen, dass es in diesem sandigen, warmen Wasser wirklich nichts zu entdecken gab, und so ging ich mit Gerd täglich einmal die Hotelpromenade auf und ab. Am späten Nachmittag nahmen wir einen Cocktail an der Strandbar, bevor wir uns ins Hotelzimmer zurückzogen, wo Gerd eine Stunde schlief, während ich mich duschte und zum Dinner fertig machte.

Zum Abendessen wurden vielfältige Speisen aus aller Herren Ländern angeboten, schließlich musste das Angebot die Gäste aus allen fünf Kontinenten zufriedenstellen. Alles hätte so traumhaft sein können, wenn nicht meine Nerven mir immer wieder einen Streich gespielt hätten. Tatsächlich war meine eigene Gesundheit inzwischen deutlich angegriffener, als ich es mir selber eingestanden hätte. Ich konnte das Essen nicht genießen, weil mein Magen viel zu nervös war, ich konnte nicht richtig schlafen, weil ich mich permanent in einer Art Rufbereitschaft befand und mir ständig über alles Mögliche Gedanken machte. Zumindest schien es so, als hätte wenigstens Gerd Freude an unserem Urlaub. Immer wieder erkundigte er sich, wie alles aussah und welche Speisen angeboten wurden, um dann zu erzählen, wo er was schon mal gegessen hatte. Und während des Fluges blühte er sowieso wieder auf. Er bestellte seine Mahlzeiten selber bei der Stewardess und interessierte sich für das Angebot im Duty-free-Shop. All das munterte mich natürlich auf, zeigte es doch einmal mehr, dass es die richtige Entscheidung gewesen war, die Reise zu wagen.

Umso enttäuschter war ich, als ich eine Woche nach unserer Rückkehr feststellen musste, dass Gerd gar nicht mehr wusste, dass wir überhaupt in Dubai waren! Gleichzeitig hatte ihn aber das Fernweh schon wieder aufs Neue gepackt. Wann immer im Fernsehen eine Reisereportage oder Urlaubsangebote zu sehen waren, fragte er sofort: „Wann fahren wir dahin?" Was sollte ich antworten? Was war hier die richtige Reaktion? So eine Reise bedeutete immerhin eine enorme Belastung für mich, vom finanziellen Aufwand einmal ganz abgesehen. Und außerdem musste ich mir meinen Jahresurlaub auch einteilen, schließlich standen mir nicht unbegrenzt Urlaubstage zur Verfügung. Ganz offensichtlich hing hier aber nun mal sein Herz daran! Umso weniger blieb mir verständlich, wie er das Erlebte dann so schnell wieder vergessen konnte?

In Dubai hatte ich auch jeden Morgen Angst davor, wenn er fragte „Wo sind wir hier?", „Warum soll ich jetzt zum Frühstück?", „Was machen wir hier?", und ich war jedes Mal erleichtert, wenn er sich ohne große Widerrede beim Duschen und Anziehen helfen ließ. Obschon ich immer wieder merkte, dass er genau diese Fragen eigentlich stellen wollte!

In solchen Situationen der absoluten Hilflosigkeit half mir dann dieses kleine Gebet weiter:

Lieber Gott, welchen Schritt willst du mich als Nächstes tun sehen? Welchen Schritt willst du mich tun sehen zu meinem höchsten Wohl und zu Gerds höchstem Wohl?

Wenn die Leute heute mit Gerd reden, tun sie das häufig in der dritten Person. Wenn sie Gerd tatsächlich direkt ansprechen, dann meist mit erhobener Stimme, in der gängigen Annahme, wenn ich lauter spreche, ist es leichter verständlich. Das soll kein Vorwurf sein, aber das hilft Gerd überhaupt nicht. Sein Gehör und seine Nase sind hochempfindlich. Sein Gehirn kann Informationen in kürzester Zeit verarbeiten, aber leider auch genauso schnell wieder vergessen. So weiß er nicht mehr, dass er vor fünf Minuten einen Kaffee bekommen hat, und lässt diesen dann unberührt vor sich stehen, ohne zu trinken. Er weiß auch nicht, ob er heute schon etwas gefrühstückt hat oder wo er letzte Woche im Urlaub war.

Aber wenn man ihm etwas erzählt oder er eine Radiosendung verfolgt, kriegt er jedes noch so kleine Detail mit, kann Zusammenhänge erfassen und die richtigen Schlüsse ziehen. Allerdings kann es passieren, dass er das Besprochene zehn Minuten später nicht mehr weiß. Nur Dinge, die ihn emotional berühren, die kann er sich merken, die vergisst er nicht. Weil er aber so oft nichts mehr weiß, kann er sich selber nicht mehr vertrauen und sagt entweder gar nichts oder muss wiederholt nachfragen. Um sich nicht lächerlich zu machen, schweigt er jedoch meist lieber, sodass wiederum der Eindruck entsteht, er sei teilnahmslos oder kriege sowieso nichts mit. Ein Teufelskreis.

Im April verfolgten wir gemeinsam jeden Mittwoch die Radiosendung mit *Doreen Virtue* bei Hay House Radio. Zu jedem Thema, das Doreen bearbeitete, bot sie ein Gebet und eine heilende Meditation an. Die Radiosendung war in Englischer Sprache, und oft kam es vor, dass Gerd auf Doreens Fragen antwortete oder sich zu dem, was sie sagte, äußerte. Ich freute mich ganz besonders darüber, dass er sich so darauf einlassen konnte. So sagte sie einmal, dass wenn wir in Trauer sind, wir oft nicht so sehr darüber bestürzt sind, was wir verloren haben, sondern uns viel mehr das zu schaffen macht, was hätte sein können. Was wir hätten haben können – es aber nicht gelebt haben. Das war für mich ein ganz neuer Aspekt und Denkansatz.

Während der ganzen letzten Monate hatte Gerd körperlich weiter abgebaut; gleichzeitig haben auch meine gesundheitlichen Beschwerden zugenommen. Eine Lungenentzündung machte mir zu schaffen, und ich litt unter Durchblutungsstörungen. Irgendwie wurden die Baustellen immer mehr, aber wir hielten uns tapfer.

München

Am 10. Mai 2015 waren wir als Großonkel und Großtante zur Taufe der kleinen Amelie nach München eingeladen. Das war für uns natürlich auch die Gelegenheit, endlich einmal Daniela und Raphael in ihrer neuen Wohnung zu besuchen. Zusammen mit Justin machten wir uns am Samstag nach dem Frühstück auf die Fahrt.

Justin saß am Steuer, und so verlief die Reise für mich recht entspannt. Selber hätte ich mir zu diesem Zeitpunkt die lange Fahrt nicht zumuten wollen, weil ich nervlich einfach zu angegriffen war. Gerd saß auf dem Beifahrersitz, und ich hatte es mir auf dem Rücksitz gemütlich gemacht, so hatte ich ihn immer im Blick.

Bevor wir uns mit Daniela am Nachmittag auf einen Kaffee trafen, haben Gerd und ich noch im nahegelegenen Hotel eingecheckt, während Justin bei seiner Schwester übernachten wollte.

Die Wohnung war sehr hübsch, geräumig und hell mit einer herrlichen Dachterrasse. Ich freute mich sehr für meine Tochter, die hier endlich zusammen mit ihrem Freund ihr lang ersehntes „Nest" beziehen konnte, nachdem sie die letzten Jahre immer zwischen ihrem Zimmer zu Hause und verschiedenen Studentenwohnungen hin und her gependelt hatte.

Abends fuhren wir alle gemeinsam zum Sushi-Essen in die Stadt. Während die jungen Leute später noch um die Häuser ziehen wollten, setzte ich mich ans Steuer, um mit Gerd zurück zum Hotel zu fahren. Plötzlich wurde ich von Panik ergriffen. Ich fuhr durch die Münchner Innenstadt und wusste mir nicht mehr zu helfen. Justin hatte zuvor die Warnblinkanlage eingeschaltet, damit Gerd sich beim Einsteigen Zeit lassen konnte, und nun fuhr ich über die dreispurige Straße mit Warnblinklichtern an, blickte hektisch vom Display des Navigationssystems auf die Straße und wieder zurück und hatte einen totalen Blackout. Ich schlug wie wild aufs Armaturenbrett, drückte alle möglichen Knöpfe, aber nichts tat sich, ich konnte den Schalter der Warnblinkanlage nicht finden! Ich schrie und weinte vor Verzweiflung. Natürlich machte das Gerd auch nervös, und er versuchte vom Beifahrersitz aus die Warnblinkanlage auszuschalten. Instinktiv streckte er seine linke Hand zum Armaturenbrett. „Die muss doch hier irgendwo sein", sagte er und hebelte seinerseits an allen möglichen Knöpfen herum. Zu guter Letzt blieb ich vor der Ausfahrt einer Tiefgarage stehen, suchte mein Handy und rief Justin an. Der kam auch sofort angelaufen, öffnete die Wagentür und schaltete die Warnblinkanlage aus. Hinter ihm kamen Daniela und Raphy angelaufen, und alle drei bestanden darauf, Gerd und mich zum Hotel zu fahren. Niemand wollte mehr länger in der Stadt bleiben. Ich hatte keine Wahl, ich ließ es geschehen. Setzte mich in den Fond des SUV und ließ mich von den Kindern zurückbringen.

Am Sonntagmorgen ging es mir wesentlich besser, und nach einem ausgiebigen Frühstück im Hotel fuhren wir gemeinsam zur Taufe in die Dorfkirche von Inhausen.

Weil Muttertag war, bedachte der Pfarrer jede Frau mit einer Rose. Das hatte ich von einem katholischen Pfarrer auch noch nicht erlebt.

Der Gottesdienst gestaltete sich sehr festlich; Amelie und ihre „große" Schwester machten beide ganz toll mit, und bei der anschließenden Feier in einem Landgasthof gab es ein Wiedersehen mit Gerds Familie. Aber heute waren alle guter Dinge, und wir verlebten einen richtig schönen Sonntag.

In der Nacht vom 12. auf den 13. Mai 2015 erlitt Gerd dann einen erneuten Krampfanfall. Glücklicherweise konnte er diesmal zu Hause von unserem wunderbaren Hausarzt mit einer Infusion versorgt werden und erholte sich somit recht schnell wieder. Später klagte er allerdings über heftige Muskelschmerzen, die vermutlich von den heftigen Krämpfen herrührten, die seinen geschundenen Körper über mehrere Minuten geschüttelt hatten. Er selbst konnte sich jedoch an den Grund für die Schmerzen nicht erinnern.

Am folgenden Sonntag glaubte ich in einem Anflug von schlechtem Gewissen, den Muttertag nachholen zu müssen. Schwerer Fehler! Weil Gerd körperlich noch nicht wieder auf der Höhe war, wollten wir nicht weit fahren und entschieden uns deshalb für den Besuch eines lokalen Ausflugszieles bei uns am Ort. Weil es ein schöner sonniger Tag war, waren alle Terrassenplätze belegt, und so gesellten wir uns zu einem guten Kameraden und dessen Freundin an den Tisch. Mit Christoph hatte Gerd in früheren Jahren auch das eine oder andere Mal gefeiert, und die beiden kannten sich gut.

Meine Mutter setzte sich gleich auf die Bank an der Hauswand, und somit also direkt neben Christoph, Gerd auf einen Stuhl gegenüber. Leider kam er mit den massiven Terrassenmöbeln nicht gut zurecht. Ich konnte den schweren Stuhl nicht schnell genug nach hinten wegziehen, und Gerd setzte sich gleich mal auf die Lehne quer zum Tisch statt auf die Sitzfläche, was ihm total peinlich war. Christoph sprang sofort auf, um zu helfen, aber für Gerd war das schon wieder eine Schmach. Er konnte und wollte von einem Kameraden, dem er sich heute nicht mehr gleichwertig fühlte, keine Hilfe annehmen. Ich stand daneben, konnte alles deutlich spüren und wäre am liebsten davongelaufen.

Aber dann ging's erst richtig los. Meine Mutter fühlte sich in der netten Gesellschaft sichtlich wohlauf und erzählte Geschichten aus ihrer Kindheit mit ihren Cousins, die sich alle um Rüben und Äcker und Kartoffelanbauen drehten. Und Christoph hatte selbstredend jeden von den Cousins einmal gekannt, sodass die beiden nun eine angeregte Unterhaltung führten.

Leider wurde Gerd dabei immer stiller, wollte nichts trinken und auch nichts zu essen bestellen. Am Gespräch beteiligte er sich gar nicht mehr. Gespannt wartete ich ab, wie er die ganze Situation verkraften würde, und gab ihm vorsorglich schon gleich seine Tabletten und Tropfen. Ein weiterer Anfall blieb ihm heute glücklicherweise erspart, aber dieses Zusammentreffen machte ihm noch lange zu schaffen.

Umso wichtiger war es also, sich auf der emotional-geistigen Ebene weiterhin Halt zu verschaffen. Hierbei war die Heilarbeit mit Erzengel Raphael beim nächsten Abend mit Brigitte und Georg ganz besonders hilfreich. Die Themen und Aufgaben von Erzengel Raphael sind:

Krankheit, Verzweiflung, Heilung, emotionale Heilung, persönliche Freiheit, lebensbejahende Grundeinstellung, Ausgeglichenheit, Stärkung, Erneuerung, Klarheit, Reinheit, Loslösung, Schutz, Struktur, Handeln, Mut und Wahrheit.

Also erbaten wir die kraftvolle Energie von Raphael:
- um Mut und Hoffnung zu fassen
- zur spirituellen Heilung
- um wieder eins zu sein
- zur Förderung unserer persönlichen Heilbereitschaft
- zur Lösung von behindernden Einstellungen und Gedankenmustern
- zur körperlichen Regeneration und geistigen Verjüngung
- als Begleiter für Krankenhaus- oder Kuraufenthalte
- zur Unterstützung der Arbeit mit anderen Lichtwesen
- als Hilfe für Heiler, Ärzte, Berater und Forscher
- bei der Sterbebegleitung

Hierbei fanden Gerd und ich wieder Mut und Kraft.

Am 02. 06. 2015 hatte ich den nächsten Termin bei Frau Senft. Wir konnten herausfinden, dass mein aktuelles Thema „Angst, alleingelassen zu werden" war. Das war noch auf Erlebnisse in meiner Kindheit zurückzuführen. Im Alter von etwa vier Monaten wurde ich mit Verdacht auf Rachitis für ein paar Wochen ins Kinderkrankenhaus gebracht. Damit ich mich nicht allein aufrichten und womöglich aus dem Bettchen fallen konnte, wurde ich kurzerhand an den Sprossen des Gitterbettes festgeschnallt. Dieses Gefühl der Unfreiheit und die Angst, ganz allein gelassen zu sein, die damit einherging, wurde jetzt wohl durch die Situation mit Gerd neu aktiviert. Und diese Angst lähmte meine Atmung und mein Herz.

Da es mir nun aber gelungen war, den Zustand zu erkennen und die Zusammenhänge zu begreifen, und ich darüber hinaus bereit war, Hilfe anzunehmen (diese drei Stufen sind wichtig!), konnten wir jetzt Blockaden lösen an der Lunge, am Herz und an den Nieren.

Außerdem fehlte mir Eisen, das dringend benötigt wird, um den Sauerstofftransport im Blut zu unterstützen.

Frau Senft ließ Tropfen für mich mischen, die ich gleich nach dem Termin in der Hubertusapotheke abholen konnte. Es war ein wunderbarer sonniger Morgen, und der Spaziergang von der Praxis ins Reformhaus und zur Apotheke hatte mir zusätzlich sehr gutgetan.

ICH war SOOOOOOOOO HAPPY – JETZT würde ALLES GUT!

Vierter Krampfanfall 2015

Am 10. Juni 2015 war es dann allerdings wieder so weit. Gerd lag morgens schon mit offenen Augen im Bett, wirkte aber eher apathisch. Als ich um 9 Uhr mit Frau Schmied telefonierte, beruhigte sie mich. Es war noch alles in Ordnung. Dann, kaum anderthalb Stunden später, erreichte mich ihr Rückruf bei der Arbeit: „Gerd musste erneut nach einem Krampfanfall ins Krankenhaus gebracht werden." Unser Hausarzt hatte wieder einmal Erste Hilfe geleistet, bevor Gerd mit dem Rettungswagen abtransportiert werden konnte.

Ich wollte mich gleich auf den Weg zu ihm ins Krankenhaus machen, wurde aber erneut von Angst und Panik überwältigt und verbrachte erst einige Zeit verzweifelt weinend im Auto auf dem Parkplatz, bevor ich überhaupt fahren konnte.

In der medizinischen Notaufnahme fand ich Gerd dann in einem Untersuchungsraum; er war ganz einfach zwischen den vielen Patienten in den anderen Krankenbetten zu identifizieren, denn er war auf sein eigenes buntes Kopfkissen gebettet. Frau Schmied hatte ihn für den Transport im Krankenwagen geistesgegenwärtig damit ausgestattet. Schließlich sollte er es bei all der Aufregung wenigstens bequem haben.

Als ich zu ihm trat und ihn in die Arme schloss, musste er herzzerreißend schluchzen. Obwohl die lebensbedrohliche Situation inzwischen vorüber war und sein Herz wieder gut arbeitete, waren ihm die Verzweiflung und der Schock noch anzumerken. Auch mir kamen erneut die Tränen. Ich hatte ihm doch einen weiteren Krankenhausaufenthalt unbedingt ersparen wollen.

Ich durfte ihn zu den weiteren Untersuchungen leider nicht begleiten, aber die diensthabende Schwester war glücklicherweise sehr mitfühlend, als sie Gerd zum Schädel-CT mitnahm, um Hirnblutungen oder sonstige Verletzungen des Kopfes und des Gehirns auszuschließen.

Nach einer halben Stunde wurde er zurückgebracht in die Notaufnahme. Er hatte die Prozedur gut über sich ergehen lassen, und geraume Zeit später erschien die Neurologin, die noch ein paar Tests mit Gerd durchführte. Abschließend wurde von einer Chirurgin die Platzwunde an der Augenbraue, welche er sich während des Krampfanfalls zugezogen hatte, mit drei Stichen genäht. Glücklicherweise war auf der Bettenstation gerade kein Platz frei, und so blieb Gerd den ganzen Tag über in der medizinischen Notaufnahme und durfte am späten Nachmittag per Krankentransport die Klinik wieder verlassen. Er hatte anderthalb Infusionen erhalten; die zweite Flasche war aus mir unerklärlichen Gründen nach der Hälfte abgehängt worden. Gerd wirkte fast schon aufgekratzt und aß mit Genuss eine Kleinigkeit zu Abend. Da ich selbst von den Aufregungen des Tages ziemlich erschöpft war, gingen wir früh zu Bett. Wir hörten uns noch die Radiosendung mit *Doreen Virtue* an, und dann war Gerd auch schon eingeschlafen.

Am übernächsten Tag war Gerds Geburtstag, und Daniela wollte aus München anreisen, um gemeinsam mit ihrem Vater und ihrem Bruder zu feiern, während ich übers Wochenende nach Hamburg zum *Engelkongress* reiste. Zusammen mit einer lieben Freundin erlebte ich dort drei wunderbare Tage. Die Vortragenden und Redner waren alle sehr unterschiedliche Charaktere und doch jeder auf seine Art genial. Die Energie von tausend Besuchern des Kongresses, die sich alle der Liebe Gottes öffneten, war etwas ganz Besonderes und hat uns alle getragen.

Wir wurden durch *Lorna Byrne* mit der göttlichen Kraft gesegnet.
Kyle Gray berichtete aus seiner Praxis und stand dann dem Publikum Rede und Antwort. Auf die Frage einer älteren Besucherin, ob Deutschland jemals auf Vergebung hoffen dürfe, wandte er sich erst ab und antwortete dann mit einem Lächeln: „Deutschland wurde schon vor langer Zeit vergeben! Es gibt keinen strafenden Gott, der darauf aus ist, Menschen zu verurteilen, wenn sie das Falsche getan haben. Und überhaupt darf eine ganze Nation niemals dafür verantwortlich gemacht werden, was Einzelne getan haben!"

Bereits zehn Jahre früher, beim ersten Engelkongress im Jahr 2006 in Hamburg, hatte *Doreen Virtue* gesagt: „Es ist an der Zeit, dass endlich dieser graue Schleier über Deutschland weggenommen wird", und hat dies mit einem gemeinsam gesprochenen Gebet auch getan. Mit welchem Erfolg? Wer erinnert sich nicht gerne an die Fußballweltmeisterschaft 2006 in Deutschland? Bilder gingen um den ganzen Erdball, die Fußballfans aller Nationen und Hautfarben beim Public Viewing und beim gemeinsamen Feiern auf den deutschen Straßen gezeigt haben. Alle Welt hatte vom „neuen Deutschland" gesprochen!

Leider war Doreen in diesem Jahr nun zum ersten Mal nicht selber anwesend, weil sie ein paar Monate früher beschlossen hatte, nach fünfundzwanzig Jahren weltweiter Seminartätigkeit nicht mehr so viel zu reisen. Aber immerhin hatte sie per Video die Veranstaltung eröffnet, und die Energie, die von ihr ausging, war so enorm, dass wir alle richtig benommen waren.

Radleigh Valentine antwortete auf die Frage nach dem berühmten Seelenpartner: In früheren Leben hatte eine Frau einen Partner und achtzehn Kinder, daraus gestaltete sich dann ihre Lebensaufgabe. Heute hat jeder von uns vielleicht achtzehn verschiedene Lebensaufgaben, und dazu benötigen wir mehr als nur einen Seelenpartner! Seelenpartner sind alle Menschen, die uns in diesem Leben begleiten und hilfreich zur Seite stehen.

Aus einer Meditation mit *Diana Cooper* heraus schickte ich eine Heilkugel an Gerd und hatte in meiner Euphorie natürlich gehofft, dass er von einer Spontanheilung ereilt würde, bis ich nach Hause käme. Leider ist das so nicht ganz eingetroffen. Was aber auffiel, war, dass er fortan deutlich munterer war, wieder mehr am Leben teilnahm und längst nicht mehr so viele Stunden am Stück schlief oder einfach nicht aus dem Bett kam.

Als im Juni die Fußballweltmeisterschaft der Frauen aus Kanada übertragen wurde, ließ er es sich nicht nehmen, alle Spiele der deutschen Mannschaft „anzuschauen". Auch wenn er die Bilder auf dem Schirm nicht erkennen konnte, nahm er dennoch regen Anteil an der Berichterstattung und lieferte selbst immer wieder interessante Beiträge zum aktuellen Geschehen. Wunderbar!

Am Internationalen Vatertag forderte *Doreen Virtue* dazu auf, heute speziell alte karmische Bindungen zum eigenen Vater und/oder Autoritätspersonen zu lösen. Aufgeregt suchte ich im Internet nach einer passenden Meditation und wurde prompt fündig. Bereits fünf Jahre zuvor hatte Doreen ausgerechnet am Strand von Kona auf Big Island eine Meditation aufgenommen, mit deren Hilfe sich speziell derartige Verstrickungen auflösen ließen. Ich nahm meinen Laptop, gesellte mich an Gerds Bett und ließ die Meditation ihre Arbeit tun. Ich musste wohl vor lauter Tiefenentspannung eingenickt sein und schrak regelrecht zusammen, als Gerd plötzlich die Worte „Help me. Help me. What are my next steps?", sagte. Im ersten Moment fürchtete ich, er brauchte tatsächlich Hilfe, bis ich dann begriff, dass er bewusst oder unbewusst der Meditation gefolgt war und infolgedessen nun Gott um Hilfe bat. Ich freute mich so sehr für ihn! Endlich hatte er sein Herz geöffnet und war bereit, Gott selber anzurufen und um Hilfe zu bitten. Nun würde alles gut werden, denn das war ein ganz wichtiger Schritt heute! Bislang hatte er Gebete, die ich laut für uns beide gesprochen hatte, zwar nicht abgelehnt, aber immer nur mit einem „Amen" beendet. Brigitte Maier hatte zwar schon vor vielen Monaten die karmischen Verstrickungen zu seinem Vater und Großvater durchtrennt, aber er selbst hatte aktiv noch nichts dazu beigetragen, sondern immer nur „geschehen lassen".

Als ich am gleichen Tag noch mit Daniela telefonierte, erzählte ich ihr natürlich von diesem Erlebnis. Daraufhin vertraute sie mir an, dass sie schon den ganzen Tag über immer wieder Szenen im Kopf hatte, die sich in ihrer Kindheit ereignet hatten und die sie offensichtlich noch Jahre später beschäftigten. Einmal waren wir unterwegs nach Charleston in South Carolina, und weil die Kinder im Auto so aufgedreht waren, drohte Gerd damit, sie auf dem Sklavenmarkt zu verkaufen, falls sie keine Ruhe gäben! Mir selber war diese Situation gar nicht mehr präsent, denn Gerd hatte das ja schließlich nicht im Ernst gemeint. Aber die Psyche eines Kindes arbeitet da ganz anders. Daniela und vermutlich auch Justin hatten eine reelle Angst davor, die sie nicht mehr losließ. Da es sicher kein Zufall war, dass wir so viele Jahre später ausgerechnet am Internationalen Vatertag darauf zu sprechen kamen, konnte ich Daniela dazu ermutigen, ihrerseits die wunderbare Meditation zu hören, welche karmische Verstrickungen speziell zum Vater lösen konnte.

Als ich zum Jahreswechsel 2011/2012 zum ersten Mal Daniela in Chicago besuchte, hatte ich dort ein Kinderbuch entdeckt mit dem Titel „Gerade wenn die Raupe glaubt, ihr Leben wäre zu Ende, dann wird sie ein Schmetterling". Ich setzte mich damals in der Buchhandlung auf den Teppichboden, um in Ruhe zu lesen, weil mich dieser Gedanke richtig fesselte. Später zu Hause hatte ich eine Mappe angelegt, in der ich Gerds Besucher im Krankenhaus zusammengetragen hatte. Dadurch sollte er nach seiner Genesung nachlesen können, was sich unmittelbar nach dem Herzinfarkt in der Klinik alles ereignete, und er sollte damit auch die Gelegenheit haben, das Geschehene aufzuarbeiten. Weil ich diesen Titel so ungeheuer passend fand, wählte ich ihn als Deckblatt für die Mappe. Leider hatte Gerd bislang noch keine Möglichkeit gehabt, selber in diesem kleinen Büchlein zu blättern, doch heute, fast vier Jahre später, sagte *Doreen Virtue* durch ihre Tarotkarten:

„Deine Zeit als Raupe ist jetzt vorüber.
Es ist an der Zeit, deine Flügel auszubreiten und zu fliegen."
Doreen Virtue am 01. 07. 2015

Sofort habe ich mich wieder an das Kinderbuch erinnert. So viel hatte sich in den vergangenen vier Jahren ereignet. Die erwartete Spontanheilung war leider noch nicht eingetreten, aber dennoch hatte sich so vieles zum Besseren gewendet und mir wurde klar:
Jeder, der Gott um Hilfe bittet, erfährt Heilung, auch wenn nicht jeder wieder gesund wird!

Weil die Straße, auf der ich normalerweise zur Arbeit fuhr, wegen Reparaturarbeiten teilweise gesperrt war, fuhr ich eine Zeit lang über den Rußberg nach Hause. Ich hatte die Strecke früher auch schon öfters mal gewählt, um dem Verkehr auszuweichen. Aber heute fiel mir plötzlich die Wallfahrtsstätte Aggenhausen auf, und ich stellte mein Auto auf dem Parkplatz ab, um mir diesen Ort einmal genauer anzusehen. Ich entdeckte die Statue der Maria Himmelskönigin und auf einer Tafel stand:

„*Es war Marias Berufung, Jesus zu begleiten.*
Nicht nur, als er Kind war, sondern auch als Erwachsener,
bis er in den Himmel aufstieg."

Der Platz um die Wallfahrtskirche herum war ein magischer Ort; ganz eindeutig ein Kraftort. Der Blick reichte über weite Hügel und Felder, und es verwunderte nicht, dass bereits seit 777 n. Chr. gläubige Menschen hierherpilgerten.

An diese Tafel bei der Marienstatue erinnerte ich mich sofort, als *Louise Hay* in ihrem nächsten Newsletter schrieb:

„*Das Leben verläuft in Zyklen:*
Manchmal muss man sich eine Zeit lang
voll und ganz einer Sache widmen,
danach geht es mit neuer Energie auf zu neuen Ufern!"

Im Laufe des Monats Juli 2015 stiegen die Temperaturen extrem an, und Gerd machte diese Hitzewelle natürlich ganz besonders zu schaffen. Dennoch konnte er mich zu einem Vortrag von *Jana Haas* am 6. Juli 2015 in einer Nachbargemeinde begleiten. Jana stellte ihr neues Buch vor: „Heilen mit der göttlichen Kraft", und Gerd freute sich auf den Abend. Obwohl er Jana nicht wirklich sehen konnte, tat ihm ihre ruhige Art zu sprechen gut und die Heilfrequenzen, die von ihr ausgingen, konnten ungehindert fließen und ihre Wirkung tun.

Auch weiterhin arbeiteten wir viel mit Gebeten und Meditationen und erkannten plötzlich Parallelen zu der Erkenntnis, die wir bereits vor Monaten mit Hilfe der Akasha-Chroniken gemacht hatten.

Demnach war Gerd in früheren Leben ein Krieger gewesen, der nach dem Ehrenkodex „Siegen oder in der Schlacht sterben" gelebt hatte.

Auch sein jetziges Leben führte er unbewusst unter diesem Ehrenkodex. Aus dem Schlachtfeld war die Arbeitswelt geworden, aber der Kodex war derselbe geblieben. Als er nun den Herzinfarkt mitten im Berufsleben überlebte, empfand er dies als persönliches Versagen! Und da es ihm an Urvertrauen mangelte, glaubte er nur noch an sein Versagen und nicht mehr an einen möglichen Sieg! Jetzt hatte er jedoch die Chance, diesen Glauben für alle Zeiten zu verändern, indem er mit Jesu Hilfe neu in seinen Vertrag aufnahm: Klarheit, Liebe, Heilung, Vertrauen. Damit wurde ganz viel Karma geheilt, und in seinen künftigen Leben müsste sich Gerd nicht mehr damit herumplagen! Eines seiner ganz großen Lebensthemen war damit gelöst.

Zu Justins zwanzigstem Geburtstag reisten seine Schwester und ihr Freund an. Am Freitagabend besuchten wir gemeinsam das Schlossfest, welches bei uns alljährlich die Ferien einläutet, und saßen dort mit lieben Freunden zusammen, die wir teilweise schon seit Jahren nicht mehr gesehen hatten.

Am Samstag versammelte sich die Familie zum Geburtstagskaffee; auch Gerds Mutter gab sich die Ehre, obwohl sie die Einladung zunächst abgesagt hatte.

Am Sonntag war es angenehm sonnig, und so verbrachten wir den Tag hauptsächlich auf der Veranda mit Grillen. Beim gemeinsamen Abendessen hatten wir viel Spaß mit den Kindern, bevor Daniela und Raphael dann wieder abfahren mussten.

Als am Abend wieder Ruhe eingekehrt war und ich mit Gerd das schöne und unterhaltsame Wochenende noch einmal gedanklich durchgegangen bin, konnte er sich weder an den Besuch des Schlossfestes erinnern, noch wusste er, dass am Samstag seine Mutter zu Besuch war.

Gleichzeitig sprach er aber davon, dass er gerne Urlaub machen wollte. Nun stellte sich für mich natürlich erneut die Frage: Steht er eine Reise körperlich überhaupt durch? Und lohnten sich die körperlichen Strapazen für Gerd, wenn er am nächsten Tag schon gar nicht mehr wusste, dass er überhaupt weg war?

Unter diesen Voraussetzungen beschlossen wir, dass es besser wäre, in den Ferien eine Kurbehandlung bei Frau Senft zu machen, was bedeutete, dass wir zwei Wochen lang täglich zwei Stunden in deren Praxis verbrachten. Und da wir dann ja eh schon zusammen unterwegs waren, wollten wir anschließend in einem Restaurant oder auf einer sonnigen Terrasse bei einem schönen Abendessen den Tag ausklingen lassen.

Der 25. 10. 2011 hatte unser Leben nachhaltig verändert. Die Tragödie, die sich ereignet hatte, hatte alles auf den Kopf gestellt. Heute, knapp vier Jahre später, lebten wir alle noch – nur anders. Wir hatten uns mit der neuen Situation arrangiert und machten das Beste daraus.

Nachwort

Am 18. August 2015 ist Gerd verstorben. Für uns völlig unerwartet, völlig unvorbereitet und doch irgendwie friedlich hat er diese Welt verlassen.
 Ich hatte Sommerferien. Und anstatt zusammen mit unseren Kindern in den Ferien nach South Carolina zu fliegen, hatten wir bereits eine Woche Akupunkturbehandlung hinter uns. Frau Senft hatte sich ein Lasergerät angeschafft, mit dessen Hilfe auch aufwendige Behandlungen nahezu schmerzlos durchgeführt werden konnten. Und so fuhren wir von Montag bis Freitag jeden Nachmittag zur Behandlung. Anschließend wollten wir schön essen gehen, und weil es so extrem heiß war, entschieden wir uns für Lokale mit einer Gartenwirtschaft. So saßen wir eines Abends in der „Sonne", wo die Wirtsleute, mit denen Gerd früher regen Geschäftskontakt pflegte, sich noch angeregt mit ihm unterhielten. Am Freitag saßen wir mit meiner Freundin Dagi und ihrer Schwester im Straßencafé und freuten uns, als Andrea mit ihren Töchtern zufällig des Weges kam und Gerd liebevoll umarmte. Wir hatten uns schon viel zu lange nicht mehr gesehen, und Gerd strahlte übers ganze Gesicht.
 Am Samstag besuchte Gerd zusammen mit meiner Schwester Beate und ihrem Mann ein Zeltfest. Er amüsierte sich und klatschte leidenschaftlich zur Livemusik mit. Am Sonntag ruhten wir uns ein bisschen aus, um dann am Montag die zweite Woche der Akupunkturbehandlung anzugehen. Meine Mutter hatte sich entschlossen, uns zu begleiten, und flanierte in der Fußgängerzone auf und ab, während Gerd und ich zur Behandlung waren. Um 17 Uhr setzten wir uns auf eine Bank vor einer Bäckerei und warteten auf sie, als eine Cousine und ihr Ehemann uns dort entdeckten und sich ein Viertelstündchen mit uns unterhielten. Gerd freute sich wie immer sehr über die Abwechslung.

Als meine Mutter dann dazustieß, überlegten wir kurz, ob wir essen gehen sollten. Meine Mutter hatte eigentlich keine Lust, aber Gerd wollte unbedingt und setzte sich wie meistens durch. Er wollte gerne „Seafood" essen und entschied sich daher für die Ilysia-Platte beim Griechen. Mit Genuss verzehrte er die ganze Portion, und auf dem Heimweg freute er sich über den abwechslungsreichen Tag.

Zu Hause angekommen sagte er noch auf der Treppe immer wieder: „Das war jetzt gut! Das war ein richtig schöner Tag!" Abends verabschiedete sich Justin ins Fußballtraining, und Gerd ich wollten früh zu Bett. Ich hatte eine wunderbare Meditation von *Doreen Virtue* entdeckt, in der auch die Gottesmutter Maria herbeigerufen wurde. Weil aber Justin noch nicht zu Hause war, warteten wir mit der Meditation. Es war bereits 23 Uhr, als er endlich zurückkam. Gerd und ich lagen schon gemütlich im Bett, hatten aber die Schlafzimmertür offen gelassen. Als Justin eintrat, rügte ich ihn im Spaß, weil er erst so spät kam und wir so lange auf ihn gewartet hatten – was er natürlich gar nicht wissen konnte. Aber Gerd lachte und sagte: „So ist es recht! Bleib du abends ruhig gerne lange aus!" Die beiden lachten und gaben sich „high five".

Als Justin nach oben ging, startete ich die Meditation „Healing with beloved Mother Mary", und irgendwann schliefen Gerd und ich ein. Leider wachte ich während der Nacht immer wieder auf, weil ich Zahnschmerzen hatte, die sich jedoch gar nicht richtig zuordnen ließen. Und so bemerkte ich, dass Gerd sich auf der Bettkante aufgesetzt hatte. Auf meine Frage, wo er denn hinwolle, antwortete er: „Keine Ahnung". „Musst du zur Toilette?" „Nein." „Dann leg dich doch wieder hin." „Also gut." Dieser seltsame Vorfall ereignete sich wenige Stunden später ein zweites Mal, und wir führten genau den gleichen Dialog erneut. Wiederum wollte Gerd aufstehen, ohne ersichtlichen Grund. Es war Nacht, und eigentlich schlief er immer tief und fest um diese Zeit.

Um 6.30 Uhr klingelte mein Wecker, und ich stand auf, um Justin zu wecken, der zur Arbeit musste. Als ich in der Küche stand, um seine Vesperbrote zu schmieren, kam Gerd plötzlich zur

Tür herein. Ich schrak zusammen. „Ja Gerd, was willst du denn schon hier?" „Keine Ahnung", antwortete er einsilbig. „Möchtest du vielleicht einen Kaffee trinken?" „Ja bitte", war seine knappe Antwort. Er blieb ganz verloren mitten im Raum stehen. Ich bereitete eine Tasse Kaffee zu, aber Gerd trank nicht davon. Als Justin um 7 Uhr zur Arbeit ging, beschloss ich, mich noch einmal hinzulegen. „Gerd, es ist noch so früh am Tag. Mir ist kalt, und ich habe schließlich Urlaub. Ich lege mich jetzt noch mal hin." „Ich geh auch mit", meinte er nur. Und weil sein Körper eiskalt war, nahm ich ihn in meine Arme wie ein Baby und deckte ihn zusätzlich zu seiner noch mit meiner eigenen Decke zu. Eng aneinandergekuschelt schliefen wir friedlich ein.

Plötzlich sog Gerd ganz tief und laut Luft ein. Ich sprang aus dem Bett und holte seine Tropfen, weil ich einen Krampfanfall befürchtete. Tatsächlich, als ich mit dem Fläschchen in der Hand neben ihm stand, hatte sich sein Gesicht bereits vor Schmerz zusammengezogen. Nur mühsam konnte ich ihm die Tropfen mithilfe der Pipette in den Mund einträufeln. Glücklicherweise wurde diese Arznei direkt von der Mundschleimhaut absorbiert und zeigte sofort Wirkung. Als Gerds Körper sich wieder etwas entspannt hatte, steckte ich ihm eine krampflösende Tablette in den Mund. Leider tat er sich mit dem Schlucken sehr schwer, und die Tablette blieb unter der Zunge liegen. Das meiste Wasser, welches ich ihm einflößen wollte, landete auf seiner Brust, und schnell waren seine Sachen und die Bettwäsche nass.

Gerd würgte und machte Anstalten, sich zu übergeben. Ich raste in die Küche, um eine Schüssel zu holen, die ich mit einer Hand vor ihn hielt, während ich mit der anderen Hand seinen Kopf stützte. Dann nahm ich hastig ein paar Handtücher aus dem Schrank, um sein Gesicht und seine Brust abzutupfen. Sein ganzer Körper war schweißnass, und seine Haare klebten am Kopf.

Ich versuchte, nicht durchzudrehen und möglichst ruhig auf ihn einzureden, aber wir hatten beide große Angst. Noch einmal krampfte sich sein Körper zusammen, erneut flößte ich ihm die Tropfen mit der Pipette ein, bis er sich entspannte. Mit einem Mal richtete sich Gerd auf und setzte sich zum Aufstehen auf die

Bettkante. Ich war völlig überrascht und freute mich gleichzeitig, dass er dazu überhaupt in der Lage war. Ich griff nach den nassen Handtüchern, mit denen ich zuvor hantiert hatte, und brachte diese zusammen mit der Spuckschüssel in die Küche. Als ich ein paar Sekunden später zurück ins Schlafzimmer kam, saß Gerd ganz ruhig auf der Bettkante, hatte ein Knie über das andere geschlagen, stützte sich leicht auf den rechten Ellbogen und sah mit halb offenen Augen geradeaus. Ich überlegte noch, ob wir den Akupunkturtermin am Nachmittag vielleicht doch wahrnehmen konnten. Frau Senft hätte dann Gelegenheit, Gerd auszutesten und den Ursachen für diesen erneuten Krampfanfall – der zum Glück milde verlaufen war – auf den Grund zu gehen, und ich sagte zu Gerd: „Geht es dir wieder besser, Gerd?" – erhielt allerdings keine Antwort. Da sah ich ihm in die Augen und fragte noch einmal: „Gerd? Wie geht es dir jetzt?" Immer noch keine Antwort. Seltsam. Warum antwortete er nicht? Hatte er Schmerzen? Stand er unter Schock? Ich holte noch einmal frische Handtücher aus dem Schrank und wollte Gerd seine nassen Sachen ausziehen. Aber er gab immer noch keinen Ton von sich, saß nur ganz still da. Da erst dämmerte es mir – aber ich weigerte mich schlicht, es zu glauben. Stattdessen lief ich aus dem Haus und hinüber zu meiner Schwester Beate. Ihre Haustür stand weit offen, ihre Katze und ihr Hund saßen davor, und ich rief ins Haus hinein: „Beate! Komm bitte mal!" „Was ist los?", rief sie munter zurück. Als sie aus der Tür trat, sagte ich: „Bitte schau mal nach Gerd. Ich weiß nicht, ob er noch atmet." Sie sah mich ungläubig an. „Spinnst du?!" Und zu zweit liefen wir zurück. Ich hatte alle Türen offen stehen lassen, und so konnten wir schon von der Treppe aus Gerd auf der Bettkante sitzen sehen. Inzwischen war sein Oberkörper, den er mit dem rechten Ellbogen gestützt hatte, ein bisschen zur Seite geneigt, und der Kopf lag seitlich so unglücklich auf dem Bett, dass Gerds Nase davon umgeknickt war. Spätestens jetzt musste ich glauben, dass Gerd nicht mehr bei Bewusstsein war. Wir versuchten, am Hals einen Puls zu fühlen, aber weil wir beide sehr aufgeregt waren, konnten wir nicht unterscheiden, ob es unser Puls war, der in den Fingerspitzen bebte, oder Gerds. Da kam Beate auf die Idee, einen Spiegel vor Gerds Mund zu halten, damit sich darauf sein Atem niederschlagen konnte. So hatte sie das in einem Krimi mal gesehen. Aber auch hier war nichts zu erkennen. „Geh zum Arzt!", wies Beate mich nun an. „Aber der hat doch noch Urlaub!" „Egal – fahr raus und klingle. Es wird schon jemand aufmachen." Ich versuchte Beate zu überreden, dass sie den Arzt holte, während ich bei Gerd blieb – aber sie war nicht dazu zu bewegen. Sie wollte partout bei Gerd bleiben. Also machte ich mich auf den Weg und fuhr die zwei Minuten zur Praxis, die zu meiner Überraschung ab Montag schon wieder geöffnet war nach dem Sommerurlaub.

Das Wartezimmer war voller Menschen, als ich zur Rezeption ging und mich selbst zur Arzthelferin sagen hörte: „Ich weiß nicht, ob Gerd noch lebt." Sie sprang auf und lief direkt in ein Behandlungszimmer, und schon eine Minute später stand der Arzt vor mir. Auch zu ihm sagte ich nur: „Ich weiß nicht, ob Gerd noch lebt. Können Sie bitte mal nachschauen?" Er nahm mich direkt in den Arm, und jetzt brach ein Schluchzen aus mir heraus, und ich wurde von heftigem Weinen geschüttelt. Er versprach, sofort zu kommen. Ich fuhr zurück nach Hause und ließ wie auch schon zuvor direkt die Haustür offen. Gerd hing inzwischen ziemlich windschief auf der Bettkante, beide Beine standen aber immer noch fest auf dem Boden. Ich öffnete das Fenster weit. Inzwischen schien die Sonne hell, und die warmen Sonnenstrahlen fielen ins Zimmer. Ich legte die CD „Beyond" mit *Tina Turner* ein und setzte mich zu Gerd aufs Bett, wo zuvor Beate auf mich gewartet hatte. Schon gleich darauf kam der Arzt die Treppe herauf. Er warf einen Blick auf Gerd und meinte: „Da hast du wohl schon die richtige Musik aufgelegt." Er nahm Gerds Beine vom Boden und bettete seinen Körper liebevoll auf sein Lager, schloss Gerds Augen und faltete seine Hände vor der Brust. „Mehr kann ich im Moment nicht für ihn tun. Die Vorschriften verlangen, dass der Totenschein erst ausgestellt wird, wenn die Leichenstarre eingetreten ist und eindeutige Leichenflecken erkennbar sind. Wenn es für dich in Ordnung ist, komme ich nach der Sprechstunde noch mal her. Du kannst aber jetzt schon einen Bestatter beauftragen, wenn du willst."

NEIN! HALT! STOPP! Bitte noch mal zurück! Das konnte doch nicht sein?? Wir hatten einen Termin am Nachmittag, wir mussten zu Frau Senft! Wir sollten jetzt frühstücken und uns fertig machen. Die Sonne schien, ich hatte Urlaub, es war ein wunderbarer Tag – wer hatte hier jetzt auf „Pause" gedrückt? Meine Gedanken überschlugen sich, und gleichzeitig konnte ich überhaupt gar nicht denken. Hilflos schaute ich meine Schwester an, sie war genauso fassungslos. Ungläubig starrten wir Gerd an, der nun reglos auf seinem Bett lag. Das war doch alles nicht wahr!!!!!!! Das Spiel konnte noch nicht aus sein.

Wenn die Raupe glaubt, ihr Leben sei zu Ende,
dann wird sie ein Schmetterling.

Unser persönlicher „Ground Zero" hat uns dazu gebracht, viel über das Leben, seinen Sinn und seinen Wert nachzudenken. Gedanken wie:

Leben – überleben – lebenswert – Lebensaufgabe – Lebenssinn: Wie viele Philosophen haben hierzu schon ein Werk verfasst, und dennoch bleibt es ein ewiges Geheimnis.

Die Würde des Menschen
Was macht einen Menschen aus?
Die Definition von Leistung
Gerds Nahtoderfahrung – warum konnte er nicht darüber sprechen?

Ich habe immer noch keine Antwort auf diese Fragen gefunden.
Dafür aber wissen wir heute ganz sicher: **Jedes Leben ist lebenswert, weil wir in jeder Phase lernen und in jeder Minute, die wir auf dieser Welt sind, die Seele sich weiterentwickelt – auch wenn wir es scheinbar nicht immer gleich merken.**

Beim Vortrag „**Jenseitige Welten**" mit Erzengel Gabriel und Erzengel Michael am 03. 07. 2012 im Badhaus in Rottweil sagte *Jana Haas*:

Es geht immer weiter. Auch in den anderen Welten fragt sich die Seele nach dem Warum und Wohin.
Jeder Atemzug ist wichtig, auch Demenzkranke oder Koma-Patienten nutzen ihre Zeit auf dieser Welt, damit die Seele sich weiterentwickelt. Denn der Zustand der Seele hat mit dem körperlichen Zustand nicht direkt etwas zu tun.
Zeit ist eine Illusion, die es in der lichtvollen geistigen Welt gar nicht gibt.
Und dann kommt plötzlich die Erkenntnis: Ohne Tod macht das Leben keinen Sinn!

Was Gerd in seinem kurzen Leben alles erfahren durfte, hätte für mehrere Menschenleben gereicht, und es wäre immer noch ein erfülltes Leben gewesen. Und ich war stets ein Teil davon. So viel Gutes, Schönes, Wunderbares, Einzigartiges durften wir zusammen erleben, konnten es aber nie wirklich genießen, weil über allem immer die Angst gestanden hatte.

Genau das hat sich jetzt geändert. Über allem steht die Liebe. In Liebe, Dankbarkeit, Demut und Zuversicht leben wir weiter, im Wissen, dass Gerd seine Aufgabe aufs Beste erfüllt hat und in Frieden mit Freude auf sein Werk zurückblicken kann.

Jana Haas sagt auch, die Seele muss so oft auf die Welt kommen, bis sie sieben Stufen durchlebt hat:
- Erkenntnis
- Vergebung
- Verständnis
- Vertrauen
- Mut
- Loslassen
- All-Liebe

Bei einer Seelenreise hat Jesus zu Gerd gesagt: „Hab Vertrauen, mein Sohn", was also der vierten Seelenebene entsprach.

Als Gerd schließlich akzeptiert hatte, dass er um seiner selbst willen geliebt wurde und er es wert war, Gott um Hilfe anzurufen, durfte er gehen. Mission erfüllt. Ich weiß mit Bestimmtheit, dass Gerds Seele die nächste Ebene erreicht hat.

„Das Vermächtnis"

Ephides

Erlösung kommt von innen, nicht von außen,
und wird erworben nur und nicht geschenkt.
Sie ist die Kraft des Inneren, die von draußen
rückstrahlend Deines Schicksals Ströme lenkt.
Was fürchtest Du? Es kann Dir nur begegnen,
was Dir gemäß und was Dir dienlich ist.
Ich weiß den Tag, da Du Dein Leid wirst segnen,
das Dich gelehrt, zu werden, was Du bist."

Kyle Gray, *Wings of Forgiveness*

Vielleicht erkennst du mich nicht, und vielleicht weißt du nicht, wer ich bin. Gerne helfe ich dir, dich zu erinnern.
Ich war immer bei dir seit Anbeginn der Zeit. Ich kannte dich schon, bevor du Zeit und Raum betreten hast. Ich beobachte dich schon, seit der Same im Leib deiner Mutter eingepflanzt wurde. Ich habe zugesehen, wie du dich aus einem einzelnen DNA-Strang entwickelt hast. Ich war bei dir, als du dich auf diese Welt vorbereitet hast. Ich war bei deiner Geburt dabei. Ich begleitete dich, als du deine ersten Schritte getan hast, und ich werde bei dir sein, wenn du deinen letzten Atemzug nimmst.
Wenn ich dich anschaue, sehe ich durch deine Haut hindurch. Ich sehe nicht nur deine Organe und bemerke nicht nur deine Unzulänglichkeiten. Wenn ich dich anschaue, sehe ich ein Wesen, das im Licht erstrahlt. Ich sehe dich angefüllt mit grenzenlosem Potenzial. Ich schaue dich an und frage mich, warum du so wütend, gestresst, frustriert bist und sauer reagierst? Ich schaue dich an und hoffe, dass du eines Tages das Gleiche siehst, was ich in dir sehe. Ich sehe einen Körper, und in diesem Körper sehe ich eine Seele. Ich sehe dich als Kind, aber ich kenne dich als Freund.
Ich bin hier, um dir mit Freuden zu dienen, und ich warte darauf, dass du mich anrufst. Ich habe dich gesehen, wie du mit allen Herausforderungen gerungen hast, ich habe dich aufsteigen und fallen sehen. Ich habe dich niemals vergessen und hoffe, du wirst dich an mich erinnern, weil ich genau jetzt hier neben dir stehe.
Wir waren einmal zusammen und haben gemeinsam unter den Sternen getanzt. Jetzt bin ich hier, um dir etwas mitzuteilen, was du wirklich wissen solltest:
Du bist frei und unschuldig. Du bist so perfekt, wie man nur perfekt sein kann. Du hast weder das Leben noch den Schöpfer noch mich jemals fallen gelassen. Dir wurde bereits vergeben, du musst nicht mehr darum bitten. Alles, was du tun musst, ist dies zu akzeptieren, aber das ist keine einfache Aufgabe. Bist du bereit, deine Unschuld anzunehmen und zu akzeptieren? Denn was ich hier zu dir sage, ist die Wahrheit, und ich bin dein Schutzengel.

Dir wurde vergeben. Es ist an der Zeit, diesen Umstand anzuerkennen. Du bist Liebe. Liebe kennt keine Einschränkungen und keine Grenzen. Du bist grenzenlos, vollständig, komplett und geheilt. Liebe ist, wer du bist. Ich liebe dich.

Quellenangaben:
Brigitte Maier, www.avataris-therapie.de
Charles Virtue, www.charlesvirtue.com
Clemens Kuby, www.clemenskuby.de
Doreen Virtue, www.angeltherapy.com
Jana Haas, www.janahaas.com
Jeanne Ruland, www.shantila.de
Kyle Gray, www.kylegray.co.uk
Louise L. Hay, www.louisehay.com
Michaela Merten, www.michaela.merten.de
Sanaya Roman, www.sanayaroman.com

Dank an alle, die uns auf diesem Weg begleitet haben: der weltbesten Hausarztpraxis, Gerds Therapeuten und Physios sowie den wunderbaren Engeln auf der Intensivstation und in den Rehakliniken, die Gerd mit ihrer Liebe und Fürsorge wunderbar gepflegt und mir damit Kraft und Durchhaltevermögen geschenkt haben.

**Nur wer den Schatten kennt,
weiß das Licht zu schätzen.**

Die Autorin

Karla Weller, Jahrgang 1962, lebt in Süddeutschland. Neben dem Schreiben ist das Reisen ihre große Leidenschaft.

novum VERLAG FÜR NEUAUTOREN

Der Verlag

*Wer aufhört
besser zu werden,
hat aufgehört
gut zu sein!*

Basierend auf diesem Motto ist es dem novum Verlag ein Anliegen neue Manuskripte aufzuspüren, zu veröffentlichen und deren Autoren langfristig zu fördern. Mittlerweile gilt der 1997 gegründete und mehrfach prämierte Verlag als Spezialist für Neuautoren in Deutschland, Österreich und der Schweiz.

Für jedes neue Manuskript wird innerhalb weniger Wochen eine kostenfreie, unverbindliche Lektorats-Prüfung erstellt.

Weitere Informationen zum Verlag und
seinen Büchern finden Sie im Internet unter:

w w w . n o v u m v e r l a g . c o m

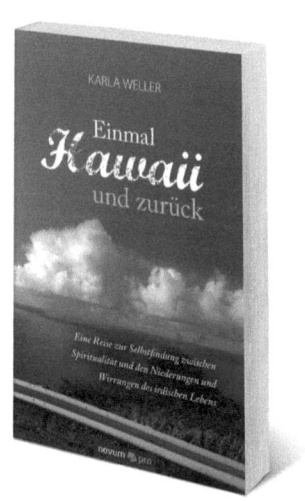

Karla Weller
Einmal Hawaii und zurück

ISBN 978-3-95840-147-1
84 Seiten

Es soll eine wunderbare Reise werden: Zwei Freundinnen machen sich gemeinsam auf nach Hawaii, um sich dort selbst zu finden und einen schönen Urlaub zu erleben. Doch die Spirits von Hawaii bringen noch viel mehr ans Licht, als den beiden eigentlich lieb ist …